# GIACOMO BRUNO

# LETTURA VELOCE 3X

## Tecniche di Lettura Rapida e Apprendimento per

## Triplicare la Tua Velocità Senza Sforzo

*A te che hai deciso di cambiare*

*la tua vita con i libri.*

Titolo

"LETTURA VELOCE 3X"


Autore

Giacomo Bruno


Editore

Bruno Editore


Sito internet

http://www.brunoeditore.it

# Sommario

# INTRODUZIONE

Quello che trovi in queste pagine non sono i classici contenuti noiosi su come muovere gli occhi per leggere più velocemente. Parliamo invece di strategie innovative, originali ed efficaci. La *Lettura veloce 3x* è un metodo che ho costruito sulla base dei miei quasi 20 anni di esperienza nel settore dell'apprendimento rapido e sulle più efficaci strategie che ho incontrato e studiato in questi ultimi anni. Strategie che valgono migliaia di euro e che tu hai avuto l'opportunità di avere a molto meno.

Io mi impegno a guidarti passo passo nel tuo percorso per aiutarti a migliorare le tue capacità di apprendimento e di lettura rapida. Con l'aiuto di questa guida scoprirai i migliori e più efficaci strumenti per l'apprendimento rapido, come ad esempio le mappe. Questo efficacissimo strumento coinvolge nell'apprendimento l'emisfero creativo del tuo cervello, il destro, e lo sfrutta per ricordare e memorizzare più velocemente, addirittura in pochi minuti, testi anche molto lunghi, facendoti risparmiare fino al 90% del tuo tempo.

Ci concentreremo non solo sulle strategie in se stesse, ma anche sui loro meccanismi di funzionamento, così che tu, conoscendoli, possa applicarli a qualsiasi tipo di informazione: nomi, numeri, codici, in breve tempo e senza sforzo. Soprattutto vedremo come sfruttare le tecniche di apprendimento rapido per triplicare la tua velocità di lettura: le cinque fasi di studio della lettura veloce ti permetteranno, anche attraverso l'uso di mappe, di scorrere con velocità e riassumere paragrafi o addirittura intere pagine.

Ti consentirà anche di individuare, per ogni argomento, le parole chiave e i concetti più importanti e di ricordarli poi a lungo termine grazie a specifici ripassi cadenzati.

La guida è ricca non solo di teorie ma anche di utilissimi esercizi, quindi ti consiglio di seguirlo con la massima attenzione e di rileggerlo più volte per focalizzare il tuo apprendimento.

Buon lavoro!
*Giacomo Bruno*

# GIORNO 1: APPRENDIMENTO

Perché parliamo di memoria e lettura veloce? Perché c'é questa esigenza di imparare ad imparare? Il motivo è semplice. Perché a nessuno di noi, ai tempi della scuola, hanno insegnato ad apprendere in maniera rapida; ci hanno trasmesso i soli contenuti, facendoci intendere che il contenuto è tutto, ma non ci hanno detto come studiarli.

Non ci hanno mai insegnato a parlare in pubblico, eppure ai tempi della scuola ci capitava di farlo, basti pensare alla classica interrogazione dove si aveva come uditorio l'insegnante ed una classe di 20-30 alunni. Un ragazzo timido di fronte ad una prova del genere che fa? Può aver studiato quanto vuole, perché magari è bravo; però ora che è lì, in preda alla sua insicurezza e con tanti occhi puntati su di lui, fa molta fatica a ricordare i contenuti. Gli manca la capacità di parlare in pubblico, non sa impostare la sua voce e quindi non dà risalto al verbale, non sa gestire i suoi atteggiamenti e quindi non sfrutta il non verbale.

Nei miei corsi sulla comunicazione insegno una cosa molto importante, e cioè che essa è composta solo per il 7% dalla parte verbale, quindi i puri contenuti, il restante 93% si divide tra non verbale (55%), cioè il modo in cui gesticoliamo, la postura che assumiamo di fronte ad una persona durante la comunicazione ed il paraverbale (38%), cioè il modo in cui utilizziamo la voce.

Ti è mai capitato di aver studiato e nonostante questo di non sentirti sufficientemente sicuro? Avrai involontariamente fatto sì che l'insegnante se ne accorgesse assumendo un atteggiamento esitante e parlandole con voce bassa e stentata. Ebbene sappi che è proprio su quel paraverbale che ti ha giudicato: "si vede che hai studiato però mi sembri un po' insicuro: ti metto 6", e non è giusto, perché a te hanno insegnato ad imparare i contenuti ma non ad esporli.

Oggi allora vedremo una serie di strategie per reagire a questo problema, tecniche molto innovative, scoperte da non moltissimi anni e rielaborate e ottimizzate dalla mia esperienza nel settore.

Nei primi corsi da me tenuti, diversi anni fa, insegnavo alcune metodiche di apprendimento, specie di lettura veloce e di memoria, di trenta anni prima. Queste, con il passare del tempo, si sono evolute, sono cambiate. Non dico che quelle utilizzate negli anni '70 non fossero valide, ma richiedevano un impegno molto maggiore rispetto alle attuali.

Il metodo *Lettura veloce 3x*, immediato e concreto, non ha bisogno di tantissimo esercizio e non richiede grandi ripassi.

Le prime tecniche che si insegnavano, e che qualcuno ancora insegna, comportano invece un impegno di studio e memorizzazione molto pesante. Si può dire che quasi richieda più fatica imparare la tecnica che non applicarla.

**SEGRETO n. 1: le tecniche classiche di lettura veloce, memoria e apprendimento rapido sono completamente sorpassate dalle ultime tecniche e dal metodo *Lettura veloce 3x*.**

La <u>Programmazione Neuro-Linguistica</u> (PNL), la scienza che da oltre trenta anni studia le strategie di eccellenza in ogni settore, ha dato un forte contributo. Dal momento della sua creazione, ha studiato le tecniche di comunicazione e le strategie mnemoniche più efficaci. I due fondatori, Richard Bandler e John Grinder, hanno esaminato i comportamenti di alcune delle menti più eccellenti che esistessero nei vari campi del vivere, ed hanno cercato, modellandoli, di individuare gli atteggiamenti comuni a tutti loro.

Avrai certo avuto occasione di incontrare persone così, a scuola come all'università, o al lavoro, che magari studiavano, si applicavano anche meno di te, però riuscivano meglio. Per aiutarti a raggiungere il loro livello senza troppa fatica, oggi abbiamo ad esempio lo strumento delle mappe, che ti permettono di memorizzare divertendoti, proprio come succedeva all'asilo.

Ti divertivi all'asilo nell'apprendere? Certo! Perché ti facevano disegnare, colorare, scarabocchiare. Ti divertivi a scuola nell'apprendere? No! Mi sembra di sentirtelo dire.

La scuola magari era bella perché avevi tanti amici e ti divertivi, ma se solo pensi all'ansia delle interrogazioni e dei compiti in classe… per non parlare, poi, della settimana che non finiva mai, dei compiti da fare perfino la domenica!

Perché la scuola era un momento così poco attraente per te? In Programmazione Neuro-Linguistica affermiamo che ognuno deve assumersi la responsabilità della propria comunicazione, quindi se un professore non riesce ad interessare gli allievi, a mantenere viva la loro attenzione è chiaro che questi siano portati a distrarsi in mille modi e che si annoino: non è colpa loro, ma del professore che non si è reso interessante.

Se decidi di seguire uno dei miei corsi, dove paghi per apprendere, sono sicuro che sarai molto più attento, e troverai un insegnante che farà tutto quanto gli è possibile per farti seguire con interesse.

L'associazione che ti si è creata negli anni è che *apprendimento = dolore*: ti hanno insegnato ad odiare la scuola, instillandoti un senso di ansia e paura.

In questa guida, invece, andremo a creare l'associazione *apprendimento = piacere.*

**SEGRETO n. 2: la scuola ti ha insegnato che apprendimento = dolore, invece il metodo *Lettura veloce 3x* ti crea la nuova associazione apprendimento = piacere.**

E scopriremo metodi nuovi, conosceremo i pilastri dell'apprendimento veloce, le mappe, strumento innovativo che sfrutta lo schema di comprensione del cervello per imparare più velocemente, alcune tecniche di memoria utili per il nostro metodo di lettura veloce.

Già dirti di cosa ci occuperemo è un modo che, inconsapevolmente, ti permette di focalizzarti su questi argomenti e renderti più recettivo ad essi. Il cervello umano, infatti, ha bisogno di schemi per capire, per memorizzare, e nel tuo inconscio, si creerà uno schedario pronto ad accogliere questi argomenti. Poi, quando ne parlerò in maniera più approfondita, saprai già dove collocarli a livello inconscio. Se invece immettiamo informazioni a caso, il cervello non sa come orizzontarsi, non riesce a recuperare i dati e diventa difficile memorizzare.

Lo schema è un'importante base di partenza nella *Lettura veloce 3x*, infatti se io ho già un'informazione generica su quel che sto per leggere, sarà per me più semplice e veloce scorrerlo: non prendo il libro iniziando dalla prima pagina, ma lo osservo, studio l'indice, cerco di capire il motivo per cui lo voglio leggere, cosa penso di trarne, qual è il mio scopo. Vedremo questi passaggi uno ad uno.

**SEGRETO n. 3: creare schemi è un pilastro del metodo *Lettura veloce 3x* perché rispecchia il modo naturale con cui il cervello apprende.**

Una cosa importante che imparerai leggendo questa guida consiste nel fatto che in un testo tu puoi anche decidere di leggere solamente le parti che ti interessano senza per questo sentirti in colpa. Una volta durante un corso di lettura veloce, una ragazza mi disse "la cosa più bella che ho imparato a fare in questo corso è quella di non sentirmi più in colpa se non leggo tutto il libro pagina per pagina!”. In effetti ci hanno abituati a dover leggere tutto, ma dobbiamo sforzarci di eliminare questo assurdo senso di colpa che ci hanno instillato. Leggo quello che mi interessa in base al mio scopo.

E' la stessa dinamica per cui, da bambini, ci ordinavano di pulire il piatto anche se eravamo già sazi e per portarci a questo ci ricordavano che nel mondo ci sono milioni di bambini che muoiono di fame. Ma, a ben vedere, il fatto che io mangi sino all'ultima briciola, magari fino a sentirmi male, non risolve il problema della fame nel mondo!

Per quanto riguarda la memoria, un grosso aiuto ci arriva dalle mappe, il più innovativo strumento per la memorizzazione e l'apprendimento di un testo, che supera tutte le tecniche classiche. In questa fase ti fornirò gli elementi per comprendere il funzionamento del nostro cervello, di modo che poi potrai applicare le tecniche in qualsiasi situazione vorrai.

La *Lettura veloce 3x* è molto divertente, e forse è ciò che ti ha spinto più di ogni altra cosa a comprare questa guida. La promessa che ti faccio è di triplicare la tua velocità di lettura.

Ti chiedi: "ce la farò?". Bene, ti rivelerò un segreto: la velocità che prometto è approssimata per difetto! In realtà si può, attraverso queste tecniche, moltiplicare la propria speditezza di lettura anche per dieci volte! L'avrei potuto chiamare *metodo 10x*, ma se avessi pubblicizzato in questo modo il mio testo, certo tu non mi avresti creduto, non è così?

D'ora in poi liberati di tutti i vecchi schemi mentali che sinora ti hanno oppresso. Partiremo da una visione diversa, ci concentreremo sulle competenze che ti permetteranno di gestire assai meglio i contenuti. Una volta che saprai memorizzare, prendere appunti, schematizzare efficacemente e leggere velocemente, potrai dedicarti alle varie materie oggetto del tuo interesse o del tuo lavoro.

L'interessante di queste tecniche è che si possono applicare a tutto, dal leggere un articolo di giornale o rivista, ad un romanzo e perfino ad un testo universitario.

Io sono entrato in contatto con questo mondo quando avevo 13 anni e facevo la terza media, nel lontano 1990. Vennero nella mia classe a fare una dimostrazione due persone, rappresentanti di una delle prime società che si occupavano di formazione in Italia, e che utilizzava questi nuovi sistemi venuti dall'America. C'era il capo assieme ad una ragazza che era lì per fare una dimostrazione. Ci dissero: "ora a turno, ciascuno di voi alunni", ed eravamo 30 in classe, "deve dire una parola qualsiasi". Il tipo la scriveva alla lavagna, ma più per ricordarla a noi alunni che non alla ragazza che, ad occhi chiusi e in tempo reale, memorizzava tutte le parole.

Dopo che l'ultimo alunno ebbe detto la sua parola lei fu in grado di ripetercele ad una ad una, dalla prima all'ultima e dall'ultima alla prima e non solo, noi le chiedevamo: "dicci la parola numero 17", e lei era in grado di dircela, e così molte altre. Poi le chiedemmo: "dicci le parole che ancora non ti abbiamo chiesto", e lei fu in grado di dircele. In sostanza si era creata uno *schedario mentale* dal quale era in grado di immettere ed estrarre parole.

La dimostrazione è stata straordinaria, io sono stato quindi incuriosito moltissimo ed ho fatto il corso perché mi è sempre interessato capire le potenzialità del cervello, tuttavia sono stato l'unico nella mia classe. Credo che i miei compagni, all'epoca, mi prendessero per pazzo, mi dicevano: "non solo c'é tanto da studiare in vista dell'esame, in più tu vai a complicarti l'esistenza con corsi che comportano altro studio!".

Addirittura un mio compagno di scuola, un giorno ospite in casa mia, per farmi uno scherzo mi rubò il blocco degli esercizi di questo corso. Come si divertì! Sta di fatto che l'ho risentito un paio di mesi fa, non lo vedevo più dai tempi del liceo, ci eravamo separati dopo la maturità. Mi ha contattato tramite il sito perché evidentemente aveva cercato "Giacomo Bruno" nei motori di ricerca. Alla fine lo sento al telefono e mi dice: "ciao, ti ricordi di me?", rispondo che lo ricordo assolutamente, va bene che sono passati dieci anni dalla fine della scuola, ma in fondo è ancora ieri!

E lui: "è incredibile, hai sviluppato questi tuoi interessi tanto da crearci intorno un'azienda così di successo!" era davvero estasiato. Si rendeva conto che io sin da piccolo avevo sviluppato delle capacità che mi avevano portato a realizzarmi, ad avere un'azienda che funziona, con una serie di prodotti straordinari. In sostanza ho fatto di quella mia iniziativa di tredicenne il mio successo.

Con questo voglio anche dirti che queste tecniche sono universali, possono essere insegnate con tranquillità a studenti come a professionisti, a bambini come ad adulti. In seguito a quel corso per me è stato molto più facile dei miei compagni fare l'esame delle medie, e poi quello di maturità. Per me è stato più semplice studiare, io studiavo meno dei miei amici ed andavo meglio perché avevo un modo di schematizzare molto più semplice ed efficace riuscendo così molto più facilmente a collegare argomenti di materie diverse.

All'università ho fatto ingegneria, che è una facoltà abbastanza difficile; soprattutto matematica, piena di dimostrazioni, dove la lettura veloce ti aiuta, ma non basta perché, per quanto tu possa leggere velocemente e magari anche comprendere il senso di quanto scorri, se non hai altri strumenti non riesci a ricordare formule matematiche e dimostrazioni. Più la materia che studi è scientifica e più ne hai bisogno, e comunque sono utilizzabili qualsiasi cosa si studi o si legga.

Ora so di averti incuriosito davvero. Dopo la lettura di questa guida ti conoscerai molto meglio, avrai delle competenze specifiche e generali su di te e sul tuo modo di apprendere e memorizzare.

La Programmazione Neuro-Linguistica si basa completamente su questo punto: imparare competenze da utilizzarsi secondo le proprie necessità. Quando faccio corsi di vendita in azienda, che nulla hanno a che fare con l'apprendimento o le relazioni interpersonali, utilizzo le medesime tecniche, e le modello al caso specifico: insegnando al venditore a vendere, ma come? Comunicando meglio, cosicché egli potrà utilizzare le tecniche di comunicazione che impara anche per rapportarsi meglio con la moglie, con la quale, magari, smetterà di litigare, o a comunicare meglio con i figli ed ottenere la loro fiducia.

La base di tutto questo lavoro è il modellamento, ovvero esaminare le persone che riescono bene in qualsiasi settore, estrarre le loro strategie, impararle tu stesso e poi insegnarle ad altri. Per capire come migliorare l'apprendimento umano si è andati a studiare coloro che eccellevano nell'apprendere, si è visto cosa avevano in comune per trarne dei principi generali.

La competenza dell'apprendere più facilmente e velocemente può essere molte utile anche per imparare nuove competenze: ad esempio io leggo questa guida per imparare come leggere velocemente in modo da poter consultare in poco tempo molti testi su altre competenze, come la comunicazione, l'autostima, la motivazione.

**SEGRETO n. 4: il metodo *Lettura veloce 3x* ti fornisce strumenti e capacità di apprendimento che ti possono essere utili in molti settori della tua vita.**

Negli ultimi 5 anni ho letto oltre 1.000 libri sulla PNL, sull'apprendimento rapido e su ogni altra abilità che si possa imparare. Ti chiederai come sia possibile leggere tanto in un tempo relativamente ridotto: è questione di tecnica, cioè è necessario adottare la giusta strategia, ma occorre anche essere molto motivati ad approfondire l'argomento.

Il giorno prima di tenere un corso in aula, leggo una decina di libri sull'argomento da trattare, tanto per avere una serie di informazioni inconsce. Questo mi permette di fare una quantità di esempi, di trasmettere concetti che ho assorbito qua e là, ma non saprei assolutamente dirti con precisione da quale testo in particolare provengano. Sono dati che riaffiorano naturalmente al momento opportuno, perché il cervello funziona per associazioni, e lo vedremo proprio parlando di mappe.

*Ma come funziona il cervello?* Dalla scienza sappiamo che si compone di due emisferi, sinistro e destro: l'*emisfero sinistro* comanda l'area razionale e logica, l'*emisfero destro* l'irrazionale e creativa, dedicata alla fantasia ed ai colori.

**SEGRETO n. 5: il cervello è diviso in emisfero sinistro, razionale e logico, ed emisfero destro, irrazionale e creativo.**

La scuola ci ha insegnato ad usare una sola delle due aree, la razionale, e per questo motivo prendiamo appunti in maniera razionale, cioè scrivendo pagine su pagine ed utilizzando il colore blu o il nero.

Questo metodo rende tutto troppo uguale e monotono ed il cervello non è in grado di memorizzare efficacemente i dati, anche perché non riesce a coinvolgere nell'apprendimento l'emisfero destro che ha bisogno di colori. Molti studenti ovviano a questo problema sottolineando ad evidenziatore i punti salienti di un paragrafo o di un capitolo, ad esempio io facevo un cerchio rosso attorno alle parole chiave che davano senso al discorso. Utilizzare i colori è fornire una risposta al nostro emisfero destro ed è tornare un po' all'epoca dell'asilo quando imparare ci divertiva.

Un bimbo all'asilo apprende moltissimo: a disegnare, a colorare a fare amicizia. Si apprende di più anche perché ci si diverte, poi arriva la scuola e...addio!

Smettiamo di apprendere facilmente, impieghiamo diciotto anni per memorizzare pochi concetti. L'università ti aiuta ad apprendere? Io in cinque anni di ingegneria elettronica ho appreso molto in teoria ma ben poco in pratica, tanto che, dopo la laurea, preso un circuito elettronico in mano per la prima volta, non sapevo che farne. E' accaduto perché pur avendo memorizzato molti contenuti, non sapevo fare, in realtà, nulla di pratico. Non ci hanno mai fatto vedere un circuito elettronico, né una resistenza, né un chip!

Alla fine ti fanno studiare per l'esame e, superato quello, non ti rimane nulla di pratico in mano. Invece ci vuole passione, ci vuole motivazione, ci vogliono strategie, quindi dobbiamo riuscire a coinvolgere nell'apprendimento entrambe gli emisferi. Il sistema delle mappe è la risposta a questo problema, in quanto esse riescono a sfruttare, nell'apprendimento, il funzionamento di entrambe gli emisferi.

Ma prima di spiegartele, fai questo gioco: osserva lo schema riportato qui di seguito. Trovi i nomi di una serie di colori, ma il nome del colore non corrisponde al colore con cui è scritto (ad esempio la parola "ROSSO", scritta in colore blu).

L'esercizio consiste nel provare a dire, ad alta voce e velocemente, il colore con cui la parola è scritta, indipendentemente dal significato della parola stessa. Prova ora.

**ROSSO** VERDE **BLU GIALLO** VERDE **MARRONE** NERO **BIANCO** GIALLO **VERDE** BLU **ROSSO** **ROSSO** GIALLO **VERDE** BLU **ROSSO** MARRONE **GIALLO GIALLO** BLU NERO **ROSSO** GIALLO VERDE **GIALLO** VERDE NERO **BIANCO**

Ci hai provato? Certo avrai notato che, già dopo pochi nomi sarà certamente stato complicato proseguire. Più cerchi di andare velocemente e più è facile sbagliare. Perché accade questo? Perché i due emisferi vanno in conflitto: vedi scritta la parola "verde" e percepisci però che il colore in cui è scritta è il rosso; la parte razionale, la sinistra, ti dice di leggere "verde", la parte creativa, la destra, di leggere "rosso": se lo fai velocemente, è un esercizio che ti manda davvero in crisi!

Prova ora a mettere le braccia conserte. Ti rendi conto di trovarti a tuo agio, ma prova a cambiare l'incrocio delle mani. Fallo ora. Proverai un'insopportabile sensazione di disagio, non è così?

Addirittura nello yoga si pratica un esercizio di respirazione che funziona così: chiudi una narice e respira, poi chiudi l'altra e respira. Ti fanno respirare prima da una narice e poi dall'altra perché sono inversamente collegate: si dice che la narice destra permetta l'ossigenazione dell'emisfero sinistro e viceversa. Ciò avviene perché i due emisferi sono inversamente collegati con i due versanti destro e sinistro del corpo: emisfero sinistro con parte destra ed emisfero destro con parte sinistra.

Perché ci è utile sapere tutto questo? Perché, come vedrai tra poco, sfruttare il 100% del tuo cervello è il segreto del metodo *Lettura veloce 3x*.

RIEPILOGO DEL GIORNO 1:

- SEGRETO n. 1: le tecniche classiche di lettura veloce, memoria e apprendimento rapido sono completamente sorpassate dalle ultime tecniche e dal metodo *Lettura veloce 3x*.

- SEGRETO n. 2: la scuola ti ha insegnato che apprendimento = dolore, invece il metodo *Lettura veloce 3x* ti crea la nuova associazione apprendimento = piacere.

- SEGRETO n. 3: creare schemi è un pilastro del metodo *Lettura veloce 3x* perché rispecchia il modo naturale con cui il cervello apprende.

- SEGRETO n. 4: il metodo *Lettura veloce 3x* ti fornisce strumenti e capacità di apprendimento che ti possono essere utili in molti settori della tua vita.

- SEGRETO n. 5: il cervello è diviso in emisfero sinistro, razionale e logico, ed emisfero destro, irrazionale e creativo.

# GIORNO 2: LETTURA VELOCE 3x

Negli ultimi dieci anni le tecniche di lettura veloce hanno generato un grande interesse. Secondo me si dovrebbe partire dalla lettura veloce persino nell'ambito di un percorso di formazione relativo alla crescita personale e professionale, perché aiuterebbe ad arrivare più pronti ai moduli successivi. Infatti si può aver necessità di scorrere molti libri per approfondire certi argomenti, e saper leggere velocemente aiuterebbe molto.

Cosa è il metodo *Lettura veloce 3x* e in cosa differisce dalle altre tecniche di lettura veloce? Intanto è il metodo composto dalle tecniche più avanzate che potresti trovare. Le tecniche classiche di lettura veloce, ormai datate, che appresi nel '90, si basavano sui cosiddetti punti di fissità: valutavano l'ampiezza dell'occhio in base a quante parole si riuscivano a visualizzare con uno sguardo.

Mi fecero fare moltissimi esercizi per allargare il campo visivo, tra cui quello denominato "parole a piramide" consistente nell'allenarsi a guardare, con un'unica occhiata, prima una sola parola, poi due, tre e, infine, cinque. Esercizi efficaci sul lungo termine, ma abbastanza noiosi.

**SEGRETO n. 6: il sistema di lettura veloce basato su punti di fissità è noioso, difficile da imparare, necessita di tanta pratica e oggi è completamente superato.**

Altri esercizi riguardavano l'abbattere il dialogo interiore: si tratta di quella vocina che spesso ci distrae mentre leggiamo. Hai mai fatto caso al fatto che, mentre leggi, ripeti interiormente quello che stai scorrendo?

Lo usiamo nella lettura perché ce lo ha instillato la scuola. In prima elementare, infatti, ci insegnano a leggere ripetendo le parole e poi le frasi ad alta voce. Con gli anni abbiamo conservato l'abitudine a dover confermare auditivamente a noi stessi ciò che leggiamo.

In realtà il tuo cervello è in grado di cogliere immediatamente le parole che scorri, perché le legge visivamente e, in automatico, vi associa un'immagine. L'abitudine scolastica di ripetere è importante per i bimbi che iniziano a conoscere lettere e parole perché permette di imparare bene la loro pronuncia; tuttavia, crescendo, l'esigenza si sposta sulla velocità di lettura ed il metodo imparato alle scuole elementari non è il più efficace.

Crescendo, la componente auditiva che in un primo momento si estrinsecava con la lettura ad alta voce, poi si trasforma in bassa voce per divenire infine voce interiore. Quindi ora leggiamo ancora auditivamente, anche se solo attraverso il nostro dialogo interno.

Gli insegnanti di lettura veloce dei primi anni '90, e in realtà anche molti trainer di oggi, tentano di eliminarlo totalmente secondo la convinzione che è il dialogo interiore a rallentare la lettura. Tuttavia è molto difficile arrivare a questo risultato.

Il dialogo interiore fa parte di noi e ci aiuta nella comprensione di quanto leggiamo. Se prendiamo un libro e lo scorriamo solo visivamente, poi abbiamo l'impressione di non aver capito nulla: il dialogo interiore, ci serve per conferma, è lui che ti dice: "ok, hai capito!".

Un giorno un corsista disse a Richard Bandler "Ho un problema, il dialogo interiore mi tormenta, mi demotiva, mi fa sentire un incapace. La prego, mi aiuti ad eliminarlo!". Bandler, per tutta risposta, disse: "Bene, ora ti sparo, vedrai che il dialogo interiore non ti tormenterà più!".

In questo modo, magari un po' provocatorio, Bandler ci fa capire che non è possibile eliminare totalmente il dialogo interiore, perché fa parte di noi ed in più ci è utile.

Con il tempo sono stati scoperti nuovi metodi per velocizzare la lettura che sfruttano il dialogo interiore a nostro vantaggio, senza eliminarlo, in modo tale che sia lui a seguire la nostra velocità, anziché rallentarci.

**SEGRETO n. 7: il dialogo interiore non può essere eliminato, bensì va usato a proprio vantaggio per migliorare la comprensione.**

Alcune delle tecniche che ho integrato nel mio metodo *Lettura veloce 3x* derivano dal "Photoreading", cioè dalla fotolettura, una strategia pensata dall'autore e formatore Paul Scheele. Egli, nel suo testo intitolato appunto "Photoreading", insegna i metodi per attuare una lettura fotografica, cioè prettamente visiva, alla velocità supersonica di una pagina al secondo; l'equivalente dello sfogliare un libro, altro che contare le parole come si faceva un tempo!

L'unico problema dell'insegnamento della fotolettura sta nel fatto che è una tecnica un po' difficile da trasmettere, perché per imparare è necessario prima lavorare sulle convinzioni limitanti e mettere le persone in uno stato di rilassamento molto profondo. Per far questo servono diversi giorni ed è ancora più difficile se si tenta da autodidatti, magari avendo acquistato solo qualche testo sull'argomento.

Quello che ti insegnerò oggi, è un metodo che assorbe il meglio del Photoreading, ma non necessita di lavorare previamente sulle convinzioni e sul rilassamento: si fa tutto ad un livello più di superficie e funziona anche meglio.

L'idea di base è quella di creare uno schema, uno schedario dove inserire le informazioni, tramite la creazione di una mappa, strumento tanto fondamentale quanto divertente da utilizzare. La fotolettura, intesa come lo sfogliare rapido del libro, serve a cercare di capire di cosa si parla senza averlo ancora letto, quindi fidandosi, in parte, dell'inconscio e lasciando che le informazioni, parole captate qua e là all'interno del testo, arrivino alla nostra mente.

Il cervello, infatti, è in grado di fotografare e quindi di andare velocissimo in lettura visiva: sarebbe anche in grado di leggere una pagina al secondo.

E allora come procedere? Appena preso il testo in mano conviene creare una mappa di quello che cerco di trarre dall'argomento del testo stesso, i vari settori di cui il testo si compone e così via. A questo punto leggo il libro velocemente ed arricchisco di informazioni la mia mappa. Io arrivo a fare questo lavoro con dieci testi alla volta o anche più, ma bisogna essere allenati per farlo. Quindi, per ora, inizia con un solo testo ed una sola mappa alla volta.

Affrontando questo argomento, molti miei studenti mi chiedono: "Ma leggendo velocemente, riesco a capire il senso del discorso?", ebbene, non solo la risposta è sì, ma, leggere rapidamente consente di capire anche di più, perché leggendo lentamente dai troppo spazio al dialogo interiore, che, come sai, rallenta moltissimo. Intanto il tuo cervello, che ha già fotografato quanto stai leggendo, si annoia e divaga, pensando ad altro e questo ti porta a tornare indietro perché non hai ben chiaro il concetto appena letto.

L'impulso che ti porta a tornare indietro è denominato *regressione*, e fa parte di una serie di abitudini errate nella lettura, come lo è anche quella di rileggere più di una volta la stessa riga.

Quando leggi velocemente, ti approssimi alla velocità del cervello, che, quindi, resta focalizzato su quello che stai leggendo. Quindi il livello di comprensione è molto più elevato nella lettura veloce che non nella lettura classica.

**SEGRETO n. 8: più velocemente leggi e migliore è la comprensione di un testo, perché il cervello ha meno tempo per le distrazioni.**

Ovviamente ti servirà un minimo di pratica per attuare questo, un minimo di esercizio, perché dopo una vita di abitudine a leggere in un dato modo sarà normale, al primo tentativo, sentirti un po' disorientato, ma ti basterà un quarto d'ora per raggiungere un buon livello. Questo è il bello di questo metodo: è immediato e pratico.

Ora scegli un libro che ti interessa leggere e veniamo al concreto, alle cinque fasi del metodo *Lettura veloce 3x*:

1. Preparazione
2. Anteprima

3. Lettura

4. Ripasso

5. Memorizzazione

**SEGRETO n. 9: il metodo *Lettura veloce 3x* è composto da 5 fasi: Preparazione, Anteprima, Lettura, Ripasso e Memorizzazione.**

La prima fase è quella di **Preparazione**, cioè quella in cui dobbiamo prepararci sia da un punto di vista *esterno*, cioè trovare un ambiente giusto per la lettura, che da un punto di vista *interno*, psicologico, quindi concentrarci. Si tratta, quindi, di una preparazione che va a toccare sia lo scopo che abbiamo sia lo stato mentale in cui ci troviamo.

La prima cosa da curare dal punto di vista della Preparazione esterna è l'*ambiente* che scegli per leggere: è importantissimo, deve assicurarti tranquillità, non devono esserci elementi atti a disturbarti o distrarti. Devi sentirti comodo, quindi scegli la sedia, la poltrona o il letto pensando di metterti più possibile a tuo agio.

**SEGRETO n. 10: la prima fase del metodo è la Preparazione esterna ed interna: quella esterna implica un ambiente adatto alla concentrazione e alla lettura.**

Crea la giusta atmosfera, che sia un po' di musica di sottofondo – magari classica, o quei cd con lo sciabordio delle onde sul bagnasciuga, i crepitii del bosco – o il silenzio assoluto, l'importante è che sia giusta per te. Molto importante è anche che ci sia la giusta luce: gli occhi non devono stancarsi, altrimenti la concentrazione si perde, il cervello non ti segue più e… addio comprensione!

Ti svelo anche un mio piccolo segreto: come sottofondo, io uso un software che produce alcuni tipi di onde sonore finalizzate al rilassamento e alla concentrazione. Puoi combinare diversi suoni, oltre a quelli già preimpostati per gli specifici utilizzi. Si chiama **Brain Wave Generator** e lo trovi sul sito www.BwGen.com. Per me è straordinario.

**SEGRETO n. 11: Brain Wave Generator è un software che produce alcuni tipi di onde sonore finalizzate al rilassamento e alla concentrazione.**

Tornando alla Preparazione, da un punto di vista interno, ci sono due aspetti molto importanti: lo scopo e lo stato.
Concentriamoci prima di tutto sullo scopo. Averne uno o più di uno serve a focalizzare il tuo obiettivo, quindi procedi così.

ESERCIZIO - Prendi in mano il tuo libro e, prima di sfogliarlo, guarda per qualche attimo la copertina e chiediti quali sono i tuoi obiettivi, le tue aspettative nel leggerlo, cosa già conosci e ti interessa di questo argomento. Prenditi due minuti per scrivere le risposte a queste domande.

**Quali sono i tuoi obiettivi?**

_______________________________________________

_______________________________________________

_______________________________________________

_______________________________________________

**Perché leggi questo libro?**

________________________________________________

________________________________________________

________________________________________________

________________________________________________

**Cosa già sai di questo argomento?**

________________________________________________

________________________________________________

________________________________________________

________________________________________________

**Cosa ti appassiona di questo argomento?**

________________________________________________

________________________________________________

________________________________________________

________________________________________________

Se, per caso, non trovi obiettivi immediati che ti spingono a leggere il testo che hai in mano, non preoccuparti, piuttosto chiediti quali potrebbero essere gli obiettivi secondari, quindi da raggiungere in un secondo momento tramite la lettura di quel libro.

Un tipico esempio in questo senso può essere la lettura di un testo universitario: non ho grande interesse a leggerlo ma il leggerlo può portarmi ad ottenere la laurea e quello per me è un obiettivo molto ambito.

Se, al contrario, hai trovato più obiettivi è perfetto perché vuol dire che sei molto motivato alla lettura di quel testo. Questo è sempre importante, perché la motivazione, nel fare, è tutto.

Pensaci, spesso prendi un libro e cominci a leggerlo a caso, senza sapere cosa ti aspetta, senza collegare alla tua lettura le idee che hai e le cose che già sai su quell'argomento. Se invece sai quello che vuoi raggiungere attraverso la lettura del testo, hai una direzione ben precisa.

Per questo riuscirai ad individuare ciò che ti serve e ciò che puoi eliminare: non sei obbligato a leggere tutto il libro se in realtà te ne interessa una parte sola.

Io che faccio lettura molto rapida, quando vado in libreria a scegliere testi, mi trovo a scorrerne diversi, così scopro, magari, che di alcuni mi interessa solo un capitolo: già che ci sono me lo leggo lì in pochi minuti!

Il focus, focalizzarsi, è qualcosa di enormemente importante, fondamentale all'interno del mio corso sugli <u>obiettivi</u>. Ho notato che quando si direziona il proprio cervello verso un obiettivo, improvvisamente si creano una serie di situazioni funzionali al raggiungimento di quell'obiettivo.

Ad esempio, quando decisi di fare il formatore, stabilii di raggiungere il mio obiettivo di lì ad un anno. Beh, l'ho raggiunto in soli 6 mesi, anche grazie al fatto che si erano create una serie di congiunture a me propizie in quel senso: ho conosciuto persone che facevano quel lavoro e scuole che mi hanno proposto di frequentare i propri corsi in cambio di pubblicità.

E' stato un caso? Non saprei, una cosa però è certa: quando focalizzi il tuo cervello fai molta più attenzione a cogliere ciò che ti interessa. E' come quando vuoi comprare la macchina nuova, hai scelto la Mini ed improvvisamente vedi la Mini dappertutto, poi magari scopri che hai il concessionario sotto casa.

A proposito di questo, desidero mettere in evidenza un importante argomento riguardante la memoria: il cervello riesce ad essere attento solamente a sette informazioni alla volta, ciò significa che se in un dato momento nella mia mente ho sette pensieri, sette cose cui fare attenzione, di cui essere conscio, un altro miliardo di dati saranno latenti, inconsci. Ciò non vuol dire che non li memorizzo, ma che li incamero in una parte più profonda del mio cervello.

Per cui non è vero che non sono in grado di memorizzare una parte dei dati che mi arrivano, lo sono assolutamente, ma devo anche essere in grado di andarli a ripescare efficientemente. Avendo io letto 1.000 libri negli ultimi anni, mi giungono alla mente una serie infinita di informazioni, ma sarò consapevole di avere incamerato solo una piccola parte di queste; le altre, per associazione di idee, mi verranno in mente al momento giusto, nell'ambito di un discorso che le riguarda.

Ti faccio un altro esempio: ultimamente un mio amico si è comprato un'autovettura Pick up, "non se ne vedono tante in giro - pensavo - è la classica americanata!". Improvvisamente cosa succede? Che le vedo dappertutto. Sono focalizzato. Non le avevo viste in giro non perché non ci fossero, ma perché non ci ho mai fatto reale attenzione.

**SEGRETO n. 12: la Preparazione interna implica un obiettivo di lettura ben definito che ti aiuta a focalizzarti e a comprendere meglio quello che stai per leggere.**

Tornando all'ultimo fattore della Preparazione interna, parliamo di *stato emotivo*: se sei di fretta, o distratto da qualche pensiero non ti è possibile concentrarti sulla lettura.

Per immergerti in quello che stai leggendo devi raggiungere uno stato che in lettura veloce è denominato *vigilanza rilassata*, cioè essere rilassato ma vigile, sveglio. Non significa andare in "trance ipnotica", o in uno stato di rilassamento troppo profondo, perché in quel caso rischieresti di addormentarti.

Pensa invece ad una occasione in cui hai vissuto questo stato d'animo, magari prima di andare a dormire, o appena sveglio, quando sei ancora un po' intorpidito. Si tratta di fenomeni di "trance quotidiana": è una fusione di stati d'animo, che ti saranno utilissimi per la lettura veloce, un misto tra uno stato di concentrazione molto profondo ed uno di rilassamento più superficiale.

Succede certo anche a te quando ti trovi al semaforo, pure se sei con le mani sul volante e i piedi sui pedali, segui i tuoi pensieri, sogni ad occhi aperti: sei vigile, infatti ti accorgi dello scattare del verde e metti in moto, però sei molto rilassato, ed è questo che ti serve per leggere in maniera attenta e concentrata.

Alcuni libri suggeriscono una tecnica orientale per raggiungere questo stato di distensione: consiste nel pensare di avere una mela appoggiata in prossimità della nuca, serve a spostare l'attenzione sul cervello e lasciarti andare. In qualche modo, permette di acuire i sensi, di vedere meglio le parole scritte, e il contrasto tra bianco e nero ti arriva più netto.

**SEGRETO n. 13: la Preparazione interna implica anche uno stato d'animo di rilassamento e vigilanza rilassata per migliorare la tua attenzione e la tua concentrazione.**

Quando si legge è importante entrare in uno stato d'animo ben definito, non distratti da altro. Probabilmente allo stesso modo funziona il famoso "cappello" che ogni mago indossa prima di un qualche artificio, è necessario alla sua concentrazione.

A questo proposito uno studioso, Edward De Bono, ha scritto un libro sul suo metodo di concentrazione, che si intitola: "I sei cappelli per pensare". Per riflettere utilizzava una serie di cappelli, per ognuno un differente colore, stato d'animo e prospettiva: vi era il cappello del razionale, il cappello del creativo e il cappello dell'ottimista; ciò gli permetteva di avere una visione più oggettiva delle cose, da vari punti di vista.

Robert Dilts ha invece studiato le strategie di Walt Disney per giungere ad uno stato di concentrazione e creatività. Ci racconta che l'artista si serviva di tre sedie, per ogni sedia, come accadeva un po' per i cappelli di De Bono, un diverso stato d'animo. Vi era, ad esempio, la sedia del sognatore, dove realizzava un brainstorming, cioè buttava giù una serie di idee. Poi si sedeva sulla sedia del critico, e si metteva in quel tipo di atteggiamento mentale critico nei riguardi delle sue stesse idee per smontarle pezzo per pezzo. Infine giungeva a sedersi sulla sedia del realista, dove arrivava ad una compensazione tra i due estremi e manteneva le sue idee migliori limando alcuni eventuali eccessi.

Magari faceva avanti e indietro più volte, per analizzare la situazione da punti di vista sempre diversi. Tuttavia Dilts ci fa riflettere sul fatto che spesso o tendiamo ad essere esclusivamente sognatori, e quindi poco attivi, o esclusivamente critici, quindi molto depressi. O ancora, troppo realisti, sembrando un po' dei robot: l'intelligenza creativa, invece, sta nel saper mediare tra queste tre componenti.

L'idea generale comunque è quella di metterti in un ambiente comodo, avere ben chiaro il tuo obiettivo e metterti in uno stato di vigilanza rilassata e di concentrazione. In questo modo sarai preparato ad affrontare le altre fasi del metodo.

## RIEPILOGO DEL GIORNO 2:

- SEGRETO n. 6: il sistema di lettura veloce basato su punti di fissità è noioso, difficile da imparare, necessita di tanta pratica e oggi è completamente superato.

- SEGRETO n. 7: il dialogo interiore non può essere eliminato, bensì va usato a proprio vantaggio per migliorare la comprensione.

- SEGRETO n. 8: più leggi velocemente e migliore è la comprensione di un testo, perché il cervello ha meno tempo per le distrazioni.

- SEGRETO n. 9: il metodo *Lettura veloce 3x* è composto da 5 fasi: Preparazione, Anteprima, Lettura, Ripasso e Memorizzazione.

- SEGRETO n. 10: la prima fase del metodo è la Preparazione esterna ed interna: quella esterna implica un ambiente adatto alla concentrazione e alla lettura.

- SEGRETO n. 11: Brain Wave Generator è un software che produce alcuni tipi di onde sonore finalizzate al rilassamento e alla concentrazione.

- SEGRETO n. 12: la Preparazione interna implica un obiettivo di lettura ben definito che ti aiuta a focalizzarti e a comprendere meglio quello che stai per leggere.

- SEGRETO n. 13: la Preparazione interna implica anche uno stato d'animo di rilassamento e vigilanza rilassata per migliorare la tua attenzione e la tua concentrazione.

# GIORNO 3: ANTEPRIMA E MAPPE

Dopo la fase di approccio, relativo alla Preparazione esterna ed interna, passiamo alla seconda fase del metodo *Lettura veloce 3x*, che è quella dell'**Anteprima**, nella quale andiamo un po' più sul concreto. Dobbiamo cercare di individuare l'idea centrale che sta alla base del testo e cominciare a costruire la nostra prima mappa.

Le **mappe**, ideate con il nome di "Mappe Mentali" dallo straordinario Tony Buzan, autore di grandissimo successo, si rivelano importantissime per apprendere meglio e più efficacemente, e sono fondamentali per il metodo di *Lettura veloce 3x* e per la schematizzazione e Memorizzazione di un testo.

E' uno strumento assieme razionale, perché utilizza parole chiave, e creativo, perché divertente, colorato e facile da usare. Quindi è in grado di coinvolgere nell'apprendimento entrambi gli emisferi del cervello.

**SEGRETO n. 14: le mappe sono uno strumento molto efficace perché sfrutta entrambi gli emisferi del cervello grazie a colori e parole chiave.**

In questa pagina vedi un esempio di mappa, si tratta della mappa esemplificativa di una mia giornata di corso sull'apprendimento, poco approfondita, giusto serve per darti un'idea:

Ti descrivo velocemente come l'ho creata, in modo tale che tu possa iniziare a comprenderne il funzionamento. *Al centro poni l'argomento principale*. Il corso si sviluppa attraverso quattro rami principali che sono l'introduzione, le mappe, la memoria e la lettura veloce. Ciascun *ramo* ha dei *sottorami* che vanno a svilupparne e specificarne il contenuto.

Ad esempio, il ramo "mappe" comprenderà diverse tecniche, obiettivi, il modo in cui si usano e così via. Allo stesso modo il ramo "memoria" avrà dei suoi sottorami, relativi a specifiche tecniche, come le parole, le immagini, i film. Infine il ramo "lettura" avrà quattro sottorami relativi alla Preparazione, l'Anteprima, la Lettura vera e propria ed il Ripasso. E così via. Ti dico tutto questo per fornirti un'idea generale.

Si dice che gli esempi valgano più di mille parole e certo attraverso uno schema del genere i pilastri dell'apprendimento ti resteranno molto più impressi che se te li avessi semplicemente enunciati. Molti studi confermano che se un messaggio viene solo enunciato si memorizza al 10%, se viene anche fatto vedere e ripetere la percentuale aumenta, se poi quanto espresso nel messaggio viene fatto anche provare, aumenta ancora.

La mappa è un buon modo di trasmettere informazioni, ed attraverso l'uso dei colori riesce a coinvolgere nell'apprendimento anche l'altro emisfero, quello creativo.

Ciascun ramo va fatto di *colore diverso*, proprio per distinguere gli argomenti, mentre i sottorami sono dello stesso colore del ramo dal quale si dipanano. Uno schema proposto in questo modo permette alla mente di *fotografare* ciò che vede. Ricorda che la memoria più consistente ed efficiente è prevalentemente quella visiva.

**SEGRETO n. 15: le mappe sono uno strumento molto efficace per la Memorizzazione perché il cervello le fotografa in maniera visiva.**

Attraverso questa mappa hai una sorta di *schedario mentale*: ad esempio puoi ricopiarla su un quaderno e aggiornarla con facilità inserendo tutte le nozioni che leggerai in questa guida: come si usano le mappe, quali scopi si prefiggono, quali sono le tecniche di memoria, come si usano, come si legge velocemente in fasi, e così via.

Ricorda che è importante usare colori diversi per ciascun ramo, e lo stesso colore per un ramo ed il suo sottoramo. I colori sono molto importanti. Io uso spesso il rosso, un colore acceso, per mettere in rilievo argomenti importanti rispetto al testo.

Nei miei corsi di <u>public speaking</u> insegno anche il modo di usare i colori in modo che restino impressi, consiglio: "usate il nero per scrivere, perché si legge più facilmente, specie a distanza, quando avete un uditorio composto da molte persone; utilizzate il rosso per evidenziare una data parola o frase; usate meno il verde ed il blu perché troppo simili al nero" e così via.

Quali sono gli obiettivi di una mappa?

Principalmente di organizzare le idee. Ad esempio per schematizzare l'andamento del corso di apprendimento non ti ho fatto la classica scaletta per punti, ho usato una mappa ove ho enunciato gli argomenti ed il modo in cui ho intenzione di svilupparli attraverso rami e sottorami. Gli stessi sottorami possono essere poi sviluppati in diramazioni sempre più capillari, creando una *gerarchia*.

Io ho utilizzato una mappa per progettare la mia tesi di laurea. Quando sono arrivato in sala lauree con la mia mega mappa, un mio amico che non sapeva che utilizzassi questo strumento mi ha detto: "Ma cos'é questa cosa? E' straordinaria!", ho risposto: "Lo so, ed è anche molto efficace".

Sì perché già come primo impatto ti piace, è bella, è colorata, ed è questo, quindi, già un ottimo punto di partenza per ricordare. Prendere appunti linearmente, cioè riga dopo riga, implica che, una volta tornato a casa, dovrai iniziare a studiare di sana pianta gli appunti, facendo un doppio lavoro.

Creando una mappa apprendi in presa diretta, ascoltando una spiegazione o leggendo per la prima volta un testo, è quindi un metodo molto più efficace e veloce.

Tony Buzan, nel suo libro "Mappe Mentali", fa un confronto tra gli appunti classici, presi linearmente, e quelli raccolti tramite le mappe: ne deduce che si può risparmiare sino al 90% del tempo, perché con il nuovo metodo si evidenziano le parole chiave ed il cervello, a partire da quelle, riesce immediatamente a ricostruire l'intero discorso.

Le mappe sono anche lo strumento più efficace per la Memorizzazione. Io potrei, per mandare a memoria la scaletta degli argomenti del mio corso, usare tremila tecniche classiche di memorizzazione, ma mi costerebbe moltissima fatica in più. Al contrario, una volta fatta la mia mappa, basta guardarla e.. baam! Ce l'ho in testa, è fotografata, e anche se adesso decidessi di non guardarla più, la ricorderei tra un giorno come tra alcuni mesi o addirittura anni, perché si tratta di un'immagine, ed il cervello lavora velocemente ed efficacemente con le immagini.

Inoltre è un metodo in grado di sviluppare la *creatività*: scegli il colore, le dimensioni di un ramo, puoi personalizzarla, usare il tuo stile, fare dei piccoli disegni sui rami invece che scrivere parole.

**SEGRETO n. 16: le mappe hanno molteplici usi per la Memorizzazione, per la creatività, per la lettura veloce.**

Attraverso una mappa sei anche in grado di prendere *decisioni*, in che modo? Ad esempio se hai un problema di lavoro, lo poni proprio al centro della tua mappa evidenziandolo con un cerchio di color rosso. Dal centro fai partire due rami: "vantaggi" e "svantaggi", da questi si dipaneranno tutti i sottorami che evidenzieranno gli uni e gli altri, linee vuote che andrai riempiendo perché il cervello ti porterà a farlo: troverai le soluzioni cercate, avrai una visuale chiara e completa e sarai in grado di prendere una decisione più serenamente.

E un esempio di *brainstorming*, che letteralmente significa "tempesta di cervello": in pratica si tratta di scrivere una serie di idee, tutte quelle che ti vengono in mente, senza inibizioni né giudizi. Lasciati andare quando lo fai, la tua creatività ti stupirà davvero. Solo dopo averle scritte, puoi dividerle per argomenti, nonché vagliarle con la massima razionalità e giudizio.

Il cervello ha tendenza a riempire le *linee vuote* che hai impresso nella tua mappa e ti darà molte idee che prima non avevi assolutamente avuto. Se mettiamo una linea vuota, il cervello in qualche modo troverà un'idea per riempirla.

Durante il corso di public speaking insegno che, nel parlare in pubblico, è necessario fare delle pause. Molti oratori soffrono di "orrore del vuoto", nel senso che temono moltissimo il fermarsi nel parlare, anche se la pausa dura solo pochi secondi, quindi cosa fanno? Tendono a riempire la lacuna con lo strascico della voce sull'ultima vocale pronunciata: niente di più sbagliato. Al contrario la momentanea sospensione del discorso è un potente strumento per sottolineare un argomento particolarmente importante o per attirare l'attenzione di un uditorio magari un po' annoiato.

A parte questo "trucco" del public speaking, voglio dirti che è per il medesimo principio di "orrore del vuoto" che il nostro cervello non resiste di fronte ad una linea vuota: deve riempirla!

Mi capita molto spesso, mentre parlo in pubblico, di non saper precisamente cosa sto per dire, tuttavia so che le informazioni che voglio mi giungeranno naturalmente. Se, ad esempio, cito Richard Bandler, anche se so di non ricordare perfettamente il contenuto della frase da citare, come per magia, l'istante dopo mi viene in mente; e mi stupisco di come puntualmente questo accada.

Puoi anche usare una mappa in senso inverso, e cioè, non arrivando da un concetto centrale a concetti periferici ma da concetti periferici ad uno centrale. Hai presente quando non ti ricordi una cosa, ma senti di averla sulla "punta della lingua"?

Se ad esempio non ricordi il nome di una persona ma ricordi diverse cose a lei collegate, procedi così: lascia uno spazio proprio al centro della mappa, che ti servirà per scrivere il nome cercato quando l'avrai ricordato, da questo occhiello centrale disegna vari rami e sottorami nei quali inserirai tutti i dati in tuo possesso che riguardano, più o meno da vicino, la persona il cui nome vuoi ricordare. Se, ad esempio, si tratta di un tuo professore universitario, scriverai su di un ramo il nome dell'università, su di un altro la facoltà, su un altro ancora l'insegnamento, su un altro i colleghi che incontrasti durante quel corso ed il voto che conseguisti all'esame e così via...ti garantisco che in un paio di minuti ricorderai il nome.

Cosa c'é alla base di tutto questo? Il cosiddetto *pensiero radiante*, che si basa sulla struttura stessa del nostro cervello: partendo da una data parola si creano una serie di associazioni. Questo lavoro è svolto dai *neuroni,* cellule cerebrali che, attraverso una serie di collegamenti tra loro creano una lunga strada che si espande sempre più.

**SEGRETO n. 17: le mappe sono efficaci perché sfruttano il medesimo meccanismo di funzionamento del cervello, basato su associazioni mentali.**

Più spesso percorriamo a livello mentale questa strada e più ampia essa diverrà, e più semplice quindi sarà percorrerla: diverrà un'abitudine. Tanto che poi non sarà facile rompere una precedente abitudine per crearne una nuova, perché la prima struttura si è cristallizzata e bisogna romperla per poter, poi, costruirne un'altra. Il pensiero radiante si combina benissimo con la tecnica delle mappe.

Quali sono i criteri di buon utilizzo di una mappa?

Innanzitutto è importante che ci sia una *gerarchia* tra i rami che si dipanano dall'occhiello centrale. Il ramo primario è il più grande, il più massiccio; man mano che crei sottorami il tratto si assottiglierà, fino ad arrivare ad una sottile riga.

Un giorno, quando sarai abile nel fare mappe e ne avrai compreso bene il funzionamento potrai utilizzare, per comporle, degli specifici **software** pensati appositamente a questo scopo. Il più famoso si chiama Mind Manager che è un ottimo software, anche se è a pagamento.

Ma come sempre nelle mie guide voglio invece condurti verso risorse gratuite. Proprio per questo ti consiglio caldamente il software per creare mappe **Free Mind** che è completamente gratuito! *(v. APPENDICE a pag. 143 per approfondimenti sul software)*

**SEGRETO n. 18: scarica il software gratuito Free Mind per creare le tue mappe attraverso il computer.**

Non è molto conosciuto in Italia, ma è un ottimo software in constante aggiornamento, quindi è perfetto per chi come te vuole imparare ad usare le mappe da zero.

Questi software sono comodi perché ti permettono di determinare il colore e la lunghezza dei vari rami e sottorami. Sono programmi utilissimi perché potrai, in molto meno tempo, disegnare la stessa mappa che a mano fai molta più fatica a comporre. Potrai aggiungere o eliminare immagini, introdurre nuove parole e cancellare le precedenti senza per questo pasticciare col bianchetto l'intero disegno. Per i primi tempi, comunque, è importante che tu impari a farla a mano perché la tecnica manuale sviluppa maggiormente la tua creatività, il tuo personale stile ed aiuta la memoria.

La seconda cosa consigliabile, anche se non obbligatoria, quando si crea una mappa, è che si proceda a compilarla *in senso orario*, normalmente partendo dall'angolo in alto a destra. Nel caso del progetto del mio corso avrò prima l'introduzione, poi le mappe, poi la memoria ed infine la lettura veloce.

Il terzo aspetto tipico di una buona mappa consiste nel dare maggiore *enfasi* ai primi dati che riporto e sempre meno ai seguenti. Per cui il ramo primario sarà più grande ed evidente, così come anche la prima parola, che, magari, sarà scritta in grassetto. Poi passando ai sottorami ed alle loro articolazioni daremo un'enfasi sempre minore, scrivendo meno calcato ed evidente. Se lavori al computer userai un font di grandezza maggiore o minore, utilizzerai il grassetto ed il corsivo. Quindi, ricapitolando, rispetta la gerarchia e dai enfasi.

**SEGRETO n. 19: la creazione delle mappe segue delle regole standard riguardanti i colori, la gerarchia, il senso di lettura, l'enfasi, la chiarezza e l'uso di immagini.**

Ovviamente è anche molto importante l'uso dei *colori*. Forse il motivo principale per cui creiamo mappe è proprio perché ci danno la possibilità di utilizzare i colori e di stimolare, quindi, il nostro emisfero creativo.

Usa colori diversi per ciascun ramo, in modo che il cervello non li associ erroneamente, ed al tempo stesso sfrutta questo meccanismo per creare collegamenti: se ci sono due argomenti tra loro paralleli, o che vanno connessi, puoi usare colori uguali o simili per scriverli, in modo tale da comunicarlo al cervello.

In generale ricorda di non fare largo uso di colori eccessivamente chiari, come il giallo, a meno che non si tratti di un giallo tendente all'arancione, perché, essendo poco leggibili, potrebbero indurre il cervello a pensare che quel dato argomento non sia molto importante o addirittura che si possa evitare di memorizzarlo, e si crea un vuoto. Più tardi andresti a riprendere la mappa meravigliandoti del fatto che non riesci a ricordare proprio l'argomento che hai scritto in giallo!

Ricorda poi di accompagnare le parole con dei piccoli *disegni*: se scrivi "mappe", disegna accanto alla parola una piccola mappa, oppure ritaglia foto da varie riviste: devi utilizzare le immagini. Sul computer è ancora più facile, perché se anche non sai disegnare, puoi scegliere una serie di icone e disegni dagli archivi che vi sono all'interno del software stesso. Oppure puoi aggiungere delle immagini tue o immagini di pubblico dominio prese da internet.

Altro punto di fondamentale importanza è che le mappe devono necessariamente essere *chiare*: mai fare pasticci, mai incrociare le linee, ma procedere con ordine argomento dopo argomento, possibilmente con un disegnino per ogni argomento e così via. Le linee vuote, come ti accennavo poco fa, sono uno strumento per aiutare il cervello, che nel riempirle riesce a trovare soluzioni, a risolvere problemi, a prendere decisioni e migliorare la creatività.

Io, ad esempio, uso le mappe per individuare e raggiungere i miei *obiettivi*. Sulla mia scrivania ho una mappa con scritto al centro "2007", tanti rami per quante sono le aree della mia vita e per ognuna i vari obiettivi che mi sono prefisso. Anche tu puoi schematizzare la tua vita dividendola in tante aree: lavoro, famiglia, amicizie, e per ogni area, individuare degli obiettivi.

Prima di passare alla specifica applicazione delle mappe per il metodo di *Lettura veloce 3x*, ti propongo un piccolo esercizio finalizzato alla totale comprensione di quanto detto finora.

ESERCIZIO - Ti propongo ora di fare la mappa della tua ultima vacanza, una mappa divertente, voglio che associ piacere all'apprendimento. Devi descrivere ciò che ti ha colpito di più. Ad esempio, parlando di New York potresti descrivere i grattacieli, l'Empire State Building, il contrasto con Ground Zero, le caratteristiche dei newyorkesi, tutti gentili, o dei tassisti – sono sempre nervosi e se provi ad attraversare per poco non ti investono! - o qualsiasi altra cosa ti venga in mente riguardo a questo argomento.

L'idea è di fare una mappa composta da almeno quattro rami e per ogni ramo almeno tre sottorami. Scrivi le parole sopra ai rami e non dentro come fa qualcuno quando lancio questo esercizio. Inoltre disegna già da subito a colori, quindi non a penna per poi ripassarla. Se vi sono linee vuote non c'è problema, vedrai che troverai il modo di riempirle.

Inizia sempre seguendo gli standard che ti consiglio, poi, divenendo più esperto, potrai dare libero sfogo alla tua creatività. Ti do dieci minuti di tempo. Buon lavoro!

***************************************************

Bene, hai fatto la mappa della tua vacanza? Sicuramente è un grande capolavoro, già solo perché farla ti ha reso sereno e spensierato come all'asilo. Di capolavori è sicuramente maestro Tony Buzan: sui suoi libri trovi delle mappe davvero spettacolari. Ne ricordo una sull'intelligenza creativa: l'argomento intelligenza creativa posizionato al centro con accanto una piccola immagine di Leonardo da Vinci, simbolo del genio creativo. Poi vi sono rappresentati molti grafici, disegni e colori. Tutto quanto possa dar spazio alla tua creatività.

Un'altra sua mappa illustra uno studio su se stessi, infatti vi è menzionato il proprio nome, le proprie convinzioni, le proprie speranze e così via. Rifacendola potresti inserire la tua foto, le tue convinzioni e speranze e tante altre linee vuote per lasciar spazio creativo alla tua mente.

Altra celebre mappa dei suoi libri riguarda il partner ideale. Quindi puoi disegnare te stesso e colui o colei che ritieni dovrebbe essere il tuo partner ideale. Poi passi a specificare, secondo te, che tipo di personalità dovrebbe avere, i suoi interessi, il suo aspetto.

Le mappe che ti ho appena illustrato sono contenute in alcuni dei testi di Tony Buzan. Ti consiglio di cercare tre suoi titoli in particolare: "Mappe Mentali", "Usiamo la testa" ed infine "Usiamo la memoria", tutti dedicati all'apprendimento. Egli è considerato il massimo esponente dell'apprendimento rapido e nei suoi libri troverai sia le tecniche più datate sia quelle più all'avanguardia.

Un altro autore, tra i più noti esponenti della PNL, che ha scritto sull'apprendimento rapido, è Robert Dilts. Il suo testo s'intitola: "Apprendimento dinamico", ed applica la Programmazione Neuro-Linguistica all'apprendimento in maniera molto scientifica, molto strutturata. Va ad analizzare i vari tipi di memoria: la memoria auditiva, la memoria visiva e la memoria cinestesica.

Ti faccio subito un esempio: pensa al numero telefonico di casa tua, probabilmente lo avrai memorizzato auditivamente ripetendotelo nella testa per blocchi, ad esempio 55 58 64 22, e lo ricordi solo se suddiviso in questo modo. Se qualcuno, come può essere un operatore telefonico che effettua un controllo, te lo ripete in blocchi diversi, tipo 555 86 422 non lo riconosci più. Questo accade perché li hai memorizzati in maniera auditiva, quindi ripetendoteli nella mente.

Se invece potessi in qualche maniera *visualizzare* questi blocchi, in qualunque modo ti fossero ripetuti li potresti controllare e li riconosceresti, come se fossero scritti su un foglio. Pensa a quanto voglia dire la strategia con la quale noi memorizziamo in termini di efficacia della Memorizzazione stessa!

**SEGRETO n. 20: la Programmazione Neuro-Linguistica studia le strategie di Memorizzazione: visiva, auditiva o cinestesica.**

A questo proposito le mappe sono molto efficaci perché sfruttano il meccanismo di funzionamento del nostro cervello. Richard Bandler, fondatore della PNL, ne ha studiato per trenta anni il funzionamento ed il modo di sfruttarlo a nostro vantaggio.

Un risultato ormai famoso dei suoi studi riguarda il modo di superare l'ansia. Bandler, intervistando un ragazzo, gli chiede: "come crei a te stesso uno stato d'ansia?", il giovane, studente universitario, risponde: "Beh, ho un film dentro la mia testa in cui mi vedo sostenere l'esame ed andare malissimo, non riesco a parlare, non mi torna in mente ciò che ho studiato, sudo e sto male". Bandler ci riferisce che nel raccontarlo stava realmente male!

Al termine del colloquio con il ragazzo si convince che se è vero che il nostro cervello è in grado di generare situazioni di ansia, parallelamente deve essere in grado di generare situazioni di pace e tranquillità. Perciò pensa a come utilizzare questo meccanismo a vantaggio del suo giovane cliente, e gli consiglia: "prova a creare nella tua mente un film in cui va tutto bene: cosa vedi?", il ragazzo risponde: "mi vedo andare bene all'esame, ricordo le cose che ho studiato, sono soddisfatto, il professore è contento e quindi mi sento bene". Quindi cosa succedeva? Al cambiare del "film", cambiava anche lo stato d'animo del ragazzo.

Facendo questo esercizio più e più volte puoi riuscire a cambiare il tuo atteggiamento mentale, in quanto quello che possiamo vividamente immaginare diventa reale per il nostro cervello. In conseguenza di ciò lo stato d'animo associato cambierà, sarà quello nuovo e positivo, e non più quello vecchio e negativo. La PNL non si propone di capire perché il cervello funzioni così, ne studia solo il funzionamento per sfruttarlo a nostro vantaggio.

Al contrario, molti non la pensano così e non hanno questo atteggiamento propositivo. Dall'America ci giungono notizie realmente preoccupanti sul tema dell'apprendimento: dati statistici riferiscono che il 60-70% dei bambini prende farmaci per favorire l'apprendimento e curare presunti deficit di attenzione.

Quasi certamente questi bimbi non hanno particolari problemi di apprendimento, ma, semplicemente, li hanno convinti di averne; magari l'insegnante dice al genitore che il bambino è un po' disattento, che non riesce ad applicarsi correttamente, che non prende buoni voti. Da ciò si dedurrebbe che è "malato" e, per questo, è necessario che assuma farmaci, pensa che assurdità!

Negli USA, purtroppo, è la norma, tanto che ne hanno parlato diffusamente, gridando giustamente allo scandalo, giornali, riviste e personaggi noti come Beppe Grillo in una delle sue provocatorie conferenze.

Anche la PNL vede questo atteggiamento con scetticismo ed uno dei suoi più famosi autori, Robert Dilts, nel suo testo "Apprendimento dinamico" parla proprio di questo problema affermando che è del tutto assurdo considerare una persona malata solo perché, magari, ha una diversa strategia per apprendere.

Vi sono bambini che apprendono in maniera più *visiva*, quindi attraverso le immagini dei testi o di quanto viene scritto alla lavagna, altri memorizzano in modo differente, non per questo si deve pensare che siano malati, semplicemente adottano una strategia diversa per imparare. Tramite l'insegnamento delle mappe, che coinvolgono tutto il cervello, è possibile aiutarli ad apprendere bene senza traumi. E' tutta una questione di atteggiamento mentale.

Sempre in America è stato fatto un altro esperimento avente ad oggetto i modelli comportamentali di due classi di alunni e due insegnanti, uno per classe. Il responsabile dell'esperimento affidando per il periodo di un anno le classi ai due insegnanti, ha detto loro: "questo gruppo di alunni è composto da geni, mentre quest'altro da ragazzi con problemi di apprendimento". In realtà entrambe le classi erano composte da alunni con un quoziente intellettivo perfettamente nella media, la premessa serviva per creare un condizionamento nei due insegnanti. A fine anno entrambe le classi vennero sottoposte ad alcuni test. I risultati dimostrarono che i ragazzi definiti come "meno capaci" erano divenuti ancora meno recettivi all'apprendimento, mentre i ragazzi definiti come "geni" erano realmente migliorati in maniera eccezionale. Cosa era capitato? Che l'insegnante che aveva la classe più "difficile", convinta della mediocre capacità di apprendimento dei suoi alunni, non si impegnava più di tanto nell'insegnamento, magari spiegando poco e male un argomento, perché era certa di non approdare a nulla. Al contrario, l'insegnante cui era stata affidata la classe dei "geni", ripeteva i concetti ad oltranza, fino a che non recepiti, partendo dalla convinzione che, essendo i suoi alunni dei geni, non potevano non capire.

Ora, che abbiano fatto degli esperimenti su persone vere è certamente raccapricciante, però di fatto è stato raggiunto il risultato di dimostrare quanto le convinzioni possano influenzare la nostra vita, e quanto l'identità che ci diamo o che le altre persone ci attribuiscono possa determinare i nostri risultati, le nostre azioni.

Non ti racconto questi episodi per sola cultura, ma perché voglio che tu comprenda che la tua velocità di lettura o la tua capacità di apprendimento potrebbero essere limitate da convinzioni che ti ha passato qualche insegnante. Sono convinto che se chiedessi a te, che stai leggendo questa guida, se sei bravo ad apprendere, al 90% mi risponderesti di no. Ricorda che questa *convinzione* può limitarti ed anche se si sorregge su tue esperienze passate, io posso offrirti alcune strategie che ti permetteranno di superare questo blocco.

**SEGRETO n. 21: le convinzioni che hai sulla tua capacità di apprendere possono limitare o potenziare i tuoi risultati.**

Ti convincerò che si può esser bravi come qualunque altra persona in qualsiasi materia, perché la tua riuscita non dipende dall'argomento che affronti ma dalle competenze che sfrutti nell'affrontarlo.

Io, a questo punto della mia vita, grazie alle competenze che ho acquisito, potrei fare un corso su qualsiasi argomento, anche il più sconosciuto, di cui non ho mai studiato o letto niente o sentito parlare nessuno: tu mi proponi un argomento ed io entro un mese costruisco un corso su quell'oggetto. Sarei in grado di farlo perché so comunicare, so parlare in pubblico, so gestire le obiezioni, so come spiegare in maniera chiara e semplice per far memorizzare i concetti che esprimo a chi mi ascolta. Per prepararmi e, addirittura, diventare uno dei massimi esperti in materia, mi è sufficiente leggere circa cinquanta libri sull'argomento oggetto del corso, perché leggo, studio, metto in pratica quanto ho saputo e, alla fine, padroneggio la materia.

Un po' come si è arrivati alla laurea, leggendo più o meno 50 libri tutti sullo stesso argomento, ed alla fine si è dottori in quella data materia.

In ogni caso, come affermiamo in PNL, anche se ti ho detto che le mappe sono un efficacissimo mezzo per memorizzare, non devi credere alle mie parole, fai esperienza di quanto ti ho detto e crederai a te stesso! Fai il seguente esercizio.

ESERCIZIO - Ricordi la mappa che hai creato poco fa? Ebbene, senza riguardarla, prova a ricrearla dal nulla.

Sono passati parecchi minuti da quando l'hai disegnata e io ti ho parlato di molte altre cose. Già mi pare di sentire i tuoi commenti: "Oddio, non me la ricordo! Cosa avevo scritto?". Scoprirai da te stesso che sei in grado di farla praticamente identica, eppure non l'hai mai studiata, né riguardata, né ripassata. In quanti altri casi, nella tua vita, hai fatto uno schema ed, istantaneamente, senza neanche tentare di memorizzarlo, hai scoperto di averlo già fissato nella memoria? Mai.

Bene, ti do cinque minuti per ricreare la mappa identica alla precedente, sono certo che ti verrà benissimo. Buon lavoro!

************************************************

Bene, hai rifatto la tua mappa? Come ti è venuta? Magari perfetta, o al massimo hai invertito dei colori o dimenticato un ramo. Va tutto bene, rientra perfettamente nella logica della memorizzazione delle mappe, ci vuole un po' di tempo per velocizzarsi nell'uso di questo metodo e tu nei hai disegnata una appena! Averla realizzata correttamente al 99% o al 100%, è un miracolo della mente, non ti pare?

Probabilmente quando hai iniziato a leggere questa guida dicevi a te stesso: "no, non so memorizzare, la mia memoria non funziona, non so apprendere velocemente", in realtà è solo questione di strategia, la mappa sfrutta strategie già esistenti nel tuo cervello. Comunque sappi che dopo parleremo anche di ripassi cadenzati, per far sì che i concetti assunti finiscano nella *memoria a lungo termine*, se è questo che ti interessa.

Se poi per caso hai dimenticato la parola che andava su di un certo ramo, non succede nulla, riprendi la mappa di prima, rivedila ed aggiungi il dato che manca, sono certo che questa volta non lo dimenticherai più. Può capitare, ed in genere dopo un paio di minuti, se lasci la riga vuota, la parola quasi miracolosamente ti viene in mente. Probabilmente il tuo cervello ha solo bisogno di una piccola pausa, di non pensarci per pochi secondi, di un attimo di relax per fare emergere l'informazione.

Quindi se da un lato le mappe sono uno straordinario strumento per schematizzare e per memorizzare, dall'altro entrano in maniera perfetta all'interno del metodo *Lettura veloce 3x*. Infatti, dopo la prima fase di Preparazione interna (stato mentale, obiettivo focalizzato) ed esterna (ambiente, sottofondo), la seconda fase di Anteprima prevede proprio l'utilizzo delle mappe.

**SEGRETO n. 22: le mappe sono lo strumento da utilizzare nella fase di Anteprima del metodo *Lettura veloce 3x*.**

In sostanza l'Anteprima consiste nel farti un'idea del libro che stai per leggere: devi buttare giù questa idea attraverso una mappa, disegnando rami e sottorami di tutti gli argomenti e *parole chiave* di tuo interesse.

Quindi cosa devi fare? Prendi il libro, guardi il titolo, l'autore, la copertina, qualche sottotitolo, e pensi: "cosa mi trasmette?". Vai avanti, leggi la quarta di copertina, ovvero l'ultima pagina, dove spesso sono sintetizzate le informazioni essenziali riguardanti il libro ed i suoi contenuti, e le note sull'autore.

Passi quindi al sommario, che, se ci pensi, già di per sé è uno schema, vi trovi già tutte le parole chiave e gli argomenti, seppur nella forma dello schema classico: niente colori, niente grafica, solo una lista riga per riga degli argomenti. Io detesto i libri sprovvisti di sommario: non mi comunicano abbastanza. Proprio per questo motivo nelle schede online dei miei libri ho previsto un sommario molto ricco, nel quale il titolo di ciascun capitolo è corredato dalla menzione dei vari argomenti di cui si compone. In questo modo il lettore è già da subito messo in condizione di individuare i benefici che potrà trarre dalla lettura del testo e gli argomenti di suo interesse.

Poi inizi a sfogliarlo, ed è come se mettessi in atto una *fotolettura*: guardi i titoli dei capitoli, il modo in cui il testo è scritto, individui alcune parole evidenziate in grassetto e che, evidentemente, l'autore considera chiavi di lettura. Arrivi alla conclusione, poi passi alla bibliografia e ti rendi conto di come e su quali testi si è documentato l'autore per scrivere.

Tutto questo in cinque minuti. Sai da subito cosa ti puoi aspettare, sei in grado di capire immediatamente, prima ancora di leggerlo, se il testo è o meno interessante per te. Straordinario.

Mettiamo che tu vada in libreria, ti dirigi verso il settore psicologia, cerchi un libro che ti porti a capire meglio l'universo maschile o femminile, prendi il testo, inizi a scorrere i vari capitoli e ti rendi conto che solo alcune aree che ti incuriosiscono. Possedere questa abilità è fondamentale per selezionare i libri che ti interessano veramente. Magari mentalmente ti crei una mappa, così puoi iniziare a valutare bene. Se il libro ti interessa lo compri e te lo porti a casa. E lì inizi a buttare giù la tua mappa, usando i colori, con tutte le specifiche che ormai sai, e in seguito quando inizierai il processo di lettura vero e proprio la *integrerai* con ulteriori contenuti.

Nel fare la mappa non sei vincolato dall'ordine proposto dal sommario del testo, puoi seguirlo o concentrarti solo sulle aree di tuo specifico interesse: è uno strumento che deve facilitarti quindi utilizzalo al meglio per te.

ESERCIZIO – Esegui l'Anteprima. Riprendi in mano il tuo libro e, in base alle aspettative e agli obiettivi che ti eri prefissato, osservalo in ogni sua parte, sfoglialo e fai una prima mappa ponendo al centro il titolo del testo e sui rami gli argomenti per te più interessanti. Il tutto in dieci minuti. Buon lavoro.

***************************************************

Ora che hai fatto un primo abbozzo di mappa ti sarai reso conto di quanto sia importante per raccogliere le informazioni che leggerai nel testo: non ti arriveranno a caso, saprai già dove andare, a posizionarle all'interno del tuo schema.

**SEGRETO n. 23: nell'Anteprima sfogli velocemente il libro e disegni una prima mappa in base a ciò che il libro ti trasmette e agli argomenti di tuo interesse.**

Quando si tratta di studiare testi universitari, di norma piuttosto difficoltosi, la mappa è utilissima, in prima lettura, per avere una base solida nella quale inserire i vari argomenti. Per libri molto voluminosi o particolarmente tecnici, si può addirittura arrivare a creare una mappa per ciascun capitolo. Poi le varie mappe si potranno riunire in un'unica rappresentazione grafica: tanto più è approfondito il tuo studio, tanto più devi scendere nel particolare e non perderti alcun concetto, ma ci vuole un po' di pratica per comprenderne l'uso e non perdere le informazioni.

Una paura ricorrente che hanno i miei allievi nel creare le prime mappe è quella di non riuscire ad individuare le *parole chiave* e, quindi, di perdersi e non ricordare i concetti importanti. Molti preferiscono prendere appunti come sempre e poi, a casa, dopo averli attentamente rivisti, procedere alla creazione della mappa. E' più lungo, ma all'inizio puoi fare così se ne senti il bisogno.

In realtà è tutta una questione di pratica, un giorno riuscirai a prendere appunti direttamente per mappe, individuando istantaneamente la parola chiave che riassume anche tutto paragrafo. Ricordo di aver acquisito questa capacità da una mia professoressa di italiano, l'unica veramente brava incontrata in tanti anni di studio. Ci proponeva un paragrafo, ad esempio dal libro di storia, ci chiedeva di leggerlo e, subito dopo, dovevamo dirle quale fosse la parola che poteva riassumerne il senso. La parola, forse inconsciamente, ci saliva alle labbra, e spesso non coincideva col titolo del paragrafo. Nessun artificio, è una capacità che si acquisisce attraverso un costante esercizio.

RIEPILOGO DEL GIORNO 3:

- SEGRETO n. 14: le mappe sono uno strumento molto efficace perché sfruttano entrambi gli emisferi del cervello grazie a colori e parole chiave.

- SEGRETO n. 15: le mappe sono uno strumento molto efficace per la Memorizzazione perché il cervello le fotografa in maniera visiva.

- SEGRETO n. 16: le mappe hanno molteplici usi per la Memorizzazione, per la creatività e per la lettura veloce.

- SEGRETO n. 17: le mappe sono efficaci perché sfruttano il medesimo meccanismo di funzionamento del cervello, basato su associazioni mentali.

- SEGRETO n. 18: scarica il software gratuito Free Mind per creare le tue mappe attraverso il computer.

- SEGRETO n. 19: la creazione delle mappe segue delle regole standard riguardanti i colori, la gerarchia, il senso di lettura, l'enfasi, la chiarezza, l'uso di immagini.

- SEGRETO n. 20: la Programmazione Neuro-Linguistica studia le strategie di Memorizzazione: visiva, auditiva o cinestesica.

- SEGRETO n. 21: le convinzioni che hai sulla tua capacità di apprendere possono limitare o potenziare i tuoi risultati.

- SEGRETO n. 22: le mappe sono lo strumento da utilizzare nella fase di Anteprima del metodo *Lettura veloce 3x*.

- SEGRETO n. 23: nell'Anteprima sfogli velocemente il libro e disegni una prima mappa in base a ciò che il libro ti trasmette e agli argomenti di tuo interesse.

# GIORNO 4: LETTURA

Dopo le fasi di Preparazione e Anteprima, la terza fase del metodo *Lettura veloce 3x*, che è anche la più pratica, consiste nella lettura vera e propria del testo che hai in mano. Ti farò fare diversi esercizi perché sono essenziali per imparare il metodo, e in particolare, sperimenterai due strategie di lettura veloce:

- Lettura Orizzontale
- Lettura Verticale

Potrai usarle alternativamente o combinarle, comunque solo attraverso l'esercizio potrai decidere quale sia la più adatta a te. Poi ti dirò qual è quello che utilizzo io, tuttavia prendila come una semplice indicazione: in PNL l'esperienza diretta è l'unico indicatore certo della validità di un metodo.

Ad esempio, se qualcuno mi chiede come imparare l'inglese, io rispondo secondo la mia esperienza: attraverso lo studio di testi e l'ascolto dei cd della PNL in lingua inglese. Ero così motivato a seguire i corsi di Bandler in America che, a lungo andare, ho imparato a comprendere e parlare la lingua. Molti altri avrebbero potuto indicare un buon corso da seguire, o consigliare una vacanza-studio sul posto, qual è il miglior metodo? Come sempre ognuno deve scoprirlo da sé.

Prima di addentrarci nelle tecniche di Lettura, ti invito a fare un esercizio di *visualizzazione*.

ESERCIZIO - Immagina di vedere nell'aria un cerchio di circa 1 metro di diametro. Guardalo e segui l'intera circonferenza con il tuo sguardo: noterai che i tuoi occhi, nel farlo, procedono a scatti.

Su questa osservazione si basa la teoria dei *punti di fissità* sulla quale si fondano le tecniche classiche di lettura veloce che tentavano di far sì che si potesse includere più contenuto possibile in ogni "scatto" dell'occhio. Tuttavia è necessario fare moltissimo esercizio per aumentare il numero di informazioni che si riescono a carpire per ogni scatto. Per fortuna, anni di ricerche nel settore ci sono venute in aiuto per semplificare il metodo!

Adesso fai questo esperimento: alza la mano e immagina di disegnare nell'aria il medesimo cerchio di prima con il tuo dito indice. Fai sì che il tuo occhio segua il dito stesso: ti puoi rendere conto che stavolta non va a scatti, anzi è molto più fluido. Vero o no? Gli occhi seguono fluidamente il movimento del dito.

Cosa vuol dire? Che i punti di fissità esistono ma non per forza l'occhio deve procedere per scatti, lo fa perché incontriamo una parola, poi uno spazio, poi ancora una parola e così via. Se invece tu leggi il testo seguendolo con il tuo dito, allora gli occhi riescono a leggere fluidamente, senza scatti e senza bisogno di modificare la quantità di parole. Quindi il trucco per leggere in maniera fluida è seguire il testo con il dito.

**SEGRETO n. 24: per leggere in maniera veloce e fluida devi leggere scorrendo il testo con il tuo dito.**

La *Lettura orizzontale*, infatti, si chiama così perché si accompagna la lettura con il dito in orizzontale. In realtà da bambini a tutti noi hanno insegnato a leggere seguendo il testo con il dito, un atteggiamento che ci era addirittura spontaneo. Tuttavia, in seguito, ci hanno distolto dal farlo perché viene considerato un errore, il nostro cervello però ce lo richiede, e, non facendolo, ci priviamo di uno strumento importantissimo per leggere velocemente.

Grazie al dito crei continuità, e non hai più bisogno di studiare i punti di fissità, perché leggere speditamente ti viene *naturale*, l'occhio procede velocemente e le immagini arrivano al cervello in maniera fluente. Probabilmente sentirai ancora il tuo *dialogo interiore*, e va bene così, ma stavolta sarà lui a seguire la tua velocità, la velocità impostata con il dito.

**SEGRETO n. 25: nella Lettura orizzontale il dialogo interiore si adatta a seguire la velocità che tu imposti con il dito.**

Comincia leggendo lentamente, come fai nella maniera più naturale. Poi, pian piano, velocizzati e fai andare il dito fluidamente. Non ti preoccupare se inizialmente pensi di non afferrare i concetti, è normale. Basterà un quarto d'ora di esercizio per migliorare decisamente la tua capacità di comprensione.

Infatti sai cosa succede in genere? Che il cervello legge in maniera visiva in circa 1/1000 di secondo. Mentre per leggere in maniera auditiva, con l'accompagnamento del dialogo interiore, ci mette circa 1 secondo. In quei 999/1000 di secondo il cervello si annoia perché ha già visualizzato e compreso il testo, quindi si distrae facilmente.

Al contrario più andrai veloce, più il cervello e il dialogo interiore saranno sintonizzati tra di loro, andranno alla stessa velocità e la tua comprensione migliorerà di mille volte. Facci caso, l'uso del dito nella lettura ti impedisce di fare il classico errore della "regressione", ovvero di tornare continuamente indietro, errore dovuto proprio a questa mancanza di sintonia tra velocità del cervello e velocità di lettura.

Con il dito, invece, abituati a procedere anche se hai perso alcune parole: non solo faciliterai la sintonizzazione delle velocità, ma scoprirai anche, alla fine del paragrafo, di essere in grado di cogliere le parole chiave anche se non hai afferrato l'80% delle parole lette. Vale cioè il principio di Pareto, 80/20, secondo il quale è nel 20% dei contenuti che è racchiuso l'80% del significato di un testo.

**SEGRETO n. 26: maggiore è la tua velocità di lettura e maggiore è la comprensione del testo, anche se consapevolmente leggi solo il 20% delle parole.**

Questo metodo funziona ancor di più nella lettura dei testi in lingua straniera. Se, ad esempio, io provo a leggere un libro in inglese, parola per parola, punto di fissità per punto di fissità, non capisco niente, perché dell'80% delle parole non so la traduzione.

Se lo leggo velocemente scorrendolo con il dito, ne colgo il significato, ciò che il libro mi vuole trasmettere, perché capto quelle due parole su dieci, quel 20% che mi dà il significato totale.

> ~~Bene, hai concluso il tuo esercizio di lettura verticale anche se, probabilmente, non avrai capito molto di quanto hai letto. Tuttavia sono certo che sei~~ comunque riuscito ad individuare alcune parole chiave, non è così? Questo vuol dire che hai compreso il senso generale, anche se non hai avuto la conferma esatta di aver capito tutto, ma non è necessario capire tutto.

ESERCIZIO – Prendi il tuo libro e prova la tecnica della **Lettura orizzontale**: leggi da sinistra a destra utilizzando il dito per accompagnare le parole durante la lettura. I primi minuti saranno i più difficili, e se vai ancora a scatti non ti preoccupare, è normale. Man mano accelera. Ti do un quarto d'ora di tempo, leggi un bel po' di pagine e, mentre lo fai, aggiungi le parole chiave più importanti nella tua mappa. Buon lavoro.

****************************************************

Bene, hai fatto questo primo esercizio, che è anche il più importante, perché è quello che fa la differenza tra la lettura cui eri normalmente abituato e la lettura veloce. Se non lo hai fatto, bloccati, prendi in mano un libro e fai l'esercizio. Ti renderai conto di aver già triplicato la tua velocità di lettura.

Probabilmente, come dicevo prima, avrai avuto la percezione di non afferrare tutti i concetti; questo accade perché sei abituato a confermare la tua comprensione con il dialogo interiore, ma forse avrai notato che anch'esso si è velocizzato perché è costretto a seguire la velocità del tuo dito, sei tu che detti le regole ora!

Puoi anche renderti conto del fatto che, pur non avendo colto ogni parola, ti è arrivato il senso generale di quanto hai letto, i concetti più importanti. Poi dipende dal livello di approfondimento che devi raggiungere rispetto a quel testo, ma in generale ti interessano delle nozioni e se hai in mente le *parole chiave*, hai buone possibilità di memorizzare bene tutto il resto che lì per lì non hai colto.

La riprova dell'aver compreso l'avrai integrando la mappa iniziale, man mano che leggi, infatti, puoi tirar fuori delle parole chiave e menzionarle. Procedi all'inizio per paragrafi, poi riuscirai a leggere capitolo per capitolo fino ad un libro intero o a più libri assieme, ovviamente dello stesso argomento. L'importante è che non dimentichi la mappa che hai iniziato a creare nella fase di Anteprima, l'hai fatta non solo per focalizzare il cervello ma anche per riempirla di contenuti.

**SEGRETO n. 27: mentre leggi il testo, lascia che il tuo cervello tiri fuori le parole chiave più importanti da ciascun paragrafo, e inseriscile nella tua mappa.**

Se nel testo incontri alcune parole evidenziate in grassetto o in corsivo, questo già ti dice che l'autore le ha volute evidenziare come parole chiave, quindi guardale con più attenzione, anche se non è detto che ciò che è più importante per l'autore lo debba essere necessariamente anche per te, questo procedimento ti serve più che altro per capire il suo modo di ragionare. Se poi qualche passaggio non ti è chiaro e lo vuoi capire meglio, puoi anche tornare indietro e rileggere quelle 2-3 righe nelle quali è inclusa la parola in grassetto.

La Lettura orizzontale abbiamo detto che si chiama così perché si va con il dito in orizzontale: la velocità non è elevatissima, si leggono comunque non tantissime parole alla volta, anche se è vero che riesce a triplicare, quadruplicare la tua iniziale velocità di lettura.

**SEGRETO n. 28: la Lettura orizzontale ti permette di triplicare facilmente la tua velocità di lettura.**

Con la *Lettura verticale* si procede, invece, una riga per volta. E' molto utile perché permette di accelerare ancora più evidentemente la velocità iniziale. Certo, questo secondo tipo, la verticale, è più impegnativo rispetto alla orizzontale perché non è facilissimo riuscire a cogliere, con una sola occhiata, il senso di tutta una riga.

Non ti chiedo questo, voglio solo che tu la provi per vedere se riesci a cogliere, attraverso alcune parole chiave, il senso complessivo del paragrafo o del capitolo. Spesso ti capiterà di non riuscire a leggere proprio gli estremi della riga: non ti preoccupare, probabilmente quei contenuti fanno parte dell'80% che non ti serve a niente.

Fai caso che, spesso, gli argomenti più importanti, cioè quel famoso 20% di contenuti sostanziali, sono all'inizio e alla fine di un paragrafo o di un capitolo: infatti l'autore parte subito con l'argomento centrale del testo, quindi già ti dà la sintesi del contenuto, e alla fine spesso ti riepiloga quello che hai letto, quindi ti offre un altro riassunto.

Spesso basta leggere in maniera selettiva per capire il senso di un testo, senza sentirsi in colpa per non aver scorso con attenzione tutti i restanti contenuti.

ESERCIZIO – Adesso, per dieci minuti, prova la **Lettura verticale**. Devi usare sempre il dito, come prima, solo che invece che andare in orizzontale, da sinistra a destra, ora andrai in verticale, dall'alto verso il basso, riga dopo riga, tenendo la visuale al centro della pagina. Ovviamente all'inizio andrai più lento, poi sempre più

Bene, hai concluso il tuo esercizio di lettura verticale anche se, probabilmente, non avrai capito molto di quanto hai letto. Tuttavia sono certo che sei comunque riuscito ad individuare alcune parole chiave, non è così? Questo vuol dire che hai compreso il senso generale, anche se non hai avuto la conferma esatta di aver capito tutto, ma non è necessario capire tutto.

spedito. Tenta di cogliere con gli occhi più informazioni possibile e porta ancora avanti la tua mappa. Buon lavoro.


*************************************************


Bene, hai concluso il tuo esercizio di lettura verticale anche se, probabilmente, non avrai capito il 100% di quanto hai letto, vero?

Sono certo, però, che sei comunque riuscito ad individuare alcune *parole chiave*, non è così? Questo vuol dire che hai compreso il senso generale, anche se non hai avuto la conferma esatta di aver capito tutto, ma non è necessario capire tutto.

Secondo te qual è il reale obiettivo per cui ti ho fatto provare la Lettura verticale dopo la orizzontale?

La risposta è semplice, per velocizzare la Lettura orizzontale!

**SEGRETO n. 29: la Lettura verticale ti aiuta a velocizzare ancora di più la Lettura orizzontale.**

E' vero che quella verticale era molto difficile da capire, è vero che era difficile stare dietro al dito, ma in qualche modo ci sei riuscito, e il tuo cervello ha capito che puoi andare ancora più veloce. Infatti se ora provi a leggere in orizzontale scopri di andare molto più veloce rispetto al primo tentativo, perché quando il cervello ha imparato che può leggere addirittura in verticale e prendere una riga alla volta, la *Lettura orizzontale diventa semplicissima* ed il dialogo interiore ti seguirà nella nuova velocità. Si tratta del principio del contrasto: in questo modo rompiamo le convinzioni limitanti che abbiamo sulle possibilità che ha il nostro cervello di leggere.

> ~~Bene, hai concluso il tuo esercizio di lettura verticale anche se, probabilmente, non avrai capito molto di quanto hai letto. Tuttavia sono certo che sei~~ comunque riuscito ad individuare alcune parole chiave, non è così? Questo vuol dire che hai compreso il senso generale, anche se non hai avuto la conferma esatta di aver capito tutto, ma non è necessario capire tutto.

ESERCIZIO – Prendi il tuo libro e prova di nuovo la tecnica della **Lettura orizzontale**: leggi utilizzando il dito per seguire le parole durante la lettura. Rispetto alla prima volta che hai fatto questo esercizio, sentirai la tua velocità triplicare ancora una volta. Prenditi un quarto d'ora di tempo, leggi un bel po' di pagine e, mentre lo fai, aggiungi le parole chiave più importanti nella tua mappa. Buon lavoro.

*************************************************

Bene, ora che sei diventato piuttosto bravo ed efficiente nel leggere velocemente, ti svelo la mia personale strategia di lettura, quella che mi consente di leggere oltre 200 libri all'anno.

Si chiama *saltellamento*, ed è un mix tra i primi due: si tratta, leggendo, di saltellare qua e là da una riga all'altra, molto velocemente. Ormai sei consapevole di poter leggere sia in orizzontale che in verticale e, quindi, decidi di mischiare i due tipi e di fare un po' e un po' a seconda dell'interesse minore o maggiore che ti suscita il passaggio che stai scorrendo.

Sapendo che all'inizio del paragrafo ci sono le informazioni più importanti inizierai in orizzontale, così non ti perdi nulla, poi prosegui in verticale. Saltella da un punto all'altro, da un paragrafo all'altro.

Ti rendi conto che un certo paragrafo è ripetitivo? Individua le parole chiave e prosegui in verticale. Lasciati guidare dal tuo cervello, che è in grado di fotografare il libro ad una velocità che neanche immagini.

Nei paragrafi ci sono una marea di reiterazioni, le parole veramente importanti sono quel misero 20% e quindi ne bastano poche per comprendere il senso generale. Ovviamente, studiando un testo universitario, userai inizialmente questo metodo per scorrere tutto una prima volta in velocità, poi ti soffermerai, in seconda lettura sui vari argomenti.
A quel punto però avrai già un'idea abbastanza precisa dei vari contenuti che via via inserirai nella tua mappa.

**SEGRETO n. 30: la strategia del saltellamento ti consente di variare la tua velocità flessibilmente rispetto al tuo interesse per i paragrafi del testo.**

> ~~Bene, hai concluso il tuo esercizio di lettura verticale anche se, probabilmente, non avrai capito molto di quanto hai letto. Tuttavia sono certo che sei comunque riuscito~~ ad individuare alcune parole chiave, non è così? Questo vuol dire che hai compreso il senso generale, anche se non hai avuto la conferma esatta di aver capito tutto, ma non è necessario capire tutto.

ESERCIZIO – Prendi il tuo libro e prova la tecnica del **saltellamento**, utilizzando sempre il dito, andando talora in orizzontale, talora in verticale a seconda del grado di interesse per quella parte di testo. Lasciati guidare per dieci minuti da questo metodo e leggi più pagine possibile. Continua a compilare la tua mappa. Buon lavoro.

******************************************************

Bene, spero che tu stia facendo davvero gli esercizi, altrimenti non riuscirai a sfruttare al meglio questa guida. Usa le medesime tecniche durante la lettura di questo stesso testo, magari stampandolo su carta, così, almeno, avrai il tempo di rileggere tutta la guida almeno due o tre volte. In questo modo acquisirai le tecniche veramente in poche ore di esercizi.

Non trascurare la mappa. Se durante la lettura non la porti avanti, stai saltando un pilastro fondamentale del metodo *Lettura veloce*

*3x* e pertanto non riuscirai a migliorare la comprensione e la memorizzazione del testo. Nel primo periodo di allenamento, aggiorna la mappa paragrafo per paragrafo. Quando sarai più sciolto potrai aggiornarla di capitolo in capitolo.

All'inizio leggere velocemente non è facile, eppure dopo un po' di esercizio diventa normale. Pensa che io, dopo quasi venti anni di lettura veloce, non sono più in grado di leggere lentamente. Arrivo a leggere 5/6 libri sullo stesso argomento e poi li sintetizzo in un'unica grande mappa. E' solo questione di abitudine: più esercizi fai, più andrai spedito. Avrai questa capacità per sempre e potrai utilizzarla ogni volta che lo vorrai. E' come per la bicicletta: una volta imparata la tecnica, non si dimentica più.

RIEPILOGO DEL GIORNO 4:

- SEGRETO n. 24: per leggere in maniera veloce e fluida devi procedere scorrendo il testo con il tuo dito.

- SEGRETO n. 25: nella Lettura orizzontale il dialogo interiore si adatta a seguire la velocità che tu imposti con il dito.

- SEGRETO n. 26: maggiore è la tua velocità di lettura e maggiore è la comprensione del testo, anche se consapevolmente leggi solo il 20% delle parole.

- SEGRETO n. 27: mentre leggi il testo, lascia che il tuo cervello tiri fuori le parole chiave più importanti da ciascun paragrafo e poi inseriscile nella tua mappa.

- SEGRETO n. 28: la Lettura orizzontale ti permette di triplicare facilmente la tua velocità di lettura.

- SEGRETO n. 29: la Lettura verticale ti aiuta a velocizzare ancora di più la Lettura orizzontale.

- SEGRETO n. 30: la strategia del saltellamento ti consente di variare la tua velocità flessibilmente rispetto al tuo interesse per i paragrafi del testo.

# GIORNO 5: RIPASSO

Ripassare secondo giuste scadenze consente di risparmiare un bel po' di tempo e di inserire più efficacemente possibile le informazioni desiderate nella tua *memoria a lungo termine.*

Ad esempio, della mappa che hai creato oggi sulla tua vacanza, per un po' di tempo avrai il ricordo al 100%, poi, man mano che passa il tempo, i minuti, le ore ed i giorni, questo ricordo arriverà quasi a zero, e tenderai a dimenticarlo.

E' normale, perché il cervello non può memorizzare a lungo termine tutte le informazioni, non è necessario e sarebbe un sovraccarico inutile. Lo studio del cervello ci dice che le informazioni vengono immesse nella memoria a lungo termine quando ripassate a specifiche cadenze. Questo è lo schema esatto:

RIPASSO n. 1: dopo 10/30 minuti
RIPASSO n. 2: dopo 24 ore

RIPASSO n. 3: dopo 7 giorni

RIPASSO n. 4: dopo 30 giorni

RIPASSO n. 5: dopo 3 mesi

RIPASSO n. 6: dopo 6 mesi

**SEGRETO n. 31: per memorizzare a lungo termine, devi fare specifici ripassi cadenzati: dopo 10/30 minuti, 24 ore, 7 giorni, 30 giorni, 3 mesi, 6 mesi.**

Quindi, in generale, un primo ripasso va fatto poco dopo aver completato lo studio di uno specifico argomento o di un libro. Se hai disegnato la mappa, come avresti dovuto, ridisegnala da capo senza guardarla: darai così un primo impulso al cervello che la ricorderà più a lungo di quanto non avrebbe fatto naturalmente.

Il secondo ripasso va fatto dopo 24 ore, quindi disegnerai di nuovo la tua mappa senza guardarla e ti renderai conto di quanto poco o nulla hai dimenticato e con quanta facilità hai ricordato tutto.

Terzo ripasso dopo una settimana: qui non è più necessario ridisegnare la mappa da zero, basta riguardarla per rinfrescare la memoria. Un paio di minuti sono più che sufficienti. La stessa cosa farai al quarto ripasso, dopo un mese.

Infine la riprenderai a 3 e a 6 mesi di distanza dal suo completamento: un'occhiata veloce e la mappa ti sarà ormai chiarissima, impressa nella memoria a lungo termine ed il suo ricordo ti rimarrà impresso, pressoché al 100%, per sempre.

**SEGRETO n. 32: le prime volte ridisegna da zero la mappa senza guardarla, poi basta riguardarla velocemente per memorizzarla a lungo termine.**

Se rifacendo la mappa le prime volte ti accorgi di aver dimenticato un'informazione, riguarda la mappa originale, riscrivi il dato che avevi dimenticato e, proprio perché l'hai dovuto rinfrescare, non lo dimenticherai più.

ESERCIZIO – Fai un primo ripasso della mappa del libro su cui hai fatto gli esercizi: riproducila in modo che sia più fedele possibile nei contenuti. I colori, invece, possono anche cambiare rispetto al modello originario, non sono così fondamentali nel Ripasso. In ogni caso sono sicuro che ti ricorderai anche i colori, perché quando faccio questo esercizio ai miei corsi, le persone fanno delle copie delle loro mappe perfette al 100%. Cinque minuti di tempo. Buon lavoro.

****************************************************

Bene, sei riuscito a completare il tuo lavoro? Ricorda che più la mappa che originariamente hai fatto era particolareggiata e più sarà stato facile riprodurla, perché è più completa e più in grado di offrire una visione d'assieme.

Se la mappa originaria si riduceva ad un accenno, sarà stato più complicato ricordare perché il cervello ha avuto difficoltà a fotografarla. In sostanza è come se tu gli avessi comunicato che non era ancora pronta, ed allora il cervello si riserva di fotografarla in un secondo momento, quando sarà completa.

Se non ricordi perfettamente tutti i contenuti della mappa precedente, il segreto perché ti vengano in mente è quello di mettere delle *linee vuote* che ti facilitino nel ricordo, perché porteranno naturalmente il cervello a trovare una soluzione per riempirle.

Quindi qual é l'obiettivo di questo schema di ripasso? Dirci che il cervello lavora in modo tale per cui non dobbiamo né trascurare per troppo tempo lo studio del nostro libro, ma neanche massacrarci di fatica sulle sue pagine!

Basta eseguire i giusti ripassi, mentre in genere tendiamo agli eccessi: o non ripassiamo più il nostro lavoro perché troppo convinti di noi stessi; oppure lo ripassiamo continuamente, presi dall'ansia e dalla paura di dimenticarlo. La realtà è che bastano questi sei ripassi veloci per fissare a lungo termine qualsiasi tipo di informazione.

**SEGRETO n. 33: non ripassare meno di così né più di così, perché ripassare tutti i giorni, sarebbe fatica sprecata.**

Ad esempio, se sto memorizzando qualcosa per cui non è possibile l'utilizzo di una mappa, come una poesia, userò dapprima le tecniche di memoria che vedremo nel prossimo capitolo e che servono a rendere concrete le parole chiave trasformandole in immagini e creando una storiella che le unisce tutte in un film; dopodichè la ripasserò secondo le medesime cadenze ricordate, quindi dopo pochi minuti, poi dopo 24 ore, dopo una settimana, dopo 30 giorni, dopo tre e sei mesi. Non so te, ma io da piccolo per imparare a memoria una poesia la ripetevo mentalmente qualche centinaio di volte finché non mi era entrata in testa. Che fatica!

RIEPILOGO DEL GIORNO 5:

- SEGRETO n. 31: per memorizzare a lungo termine, devi fare specifici ripassi cadenzati: dopo 10/30 minuti, 24 ore, 7 giorni, 30 giorni, 3 mesi, 6 mesi.

- SEGRETO n. 32: le prime volte ridisegna da zero la mappa senza guardarla, poi ti sarà sufficiente riguardarla velocemente per memorizzarla a lungo termine.

- SEGRETO n. 33: non ripassare meno di così né più di così, perché ripassare tutti i giorni, sarebbe fatica sprecata.

# GIORNO 6: MEMORIZZAZIONE

Abbiamo visto che le mappe sono uno strumento molto efficace per schematizzare un libro. Sono anche un ottimo supporto per la memoria: la nostra mente fotografa la mappa e la memorizza automaticamente, proprio perché essa sfrutta i meccanismi di apprendimento del cervello. Dopodichè ti basta ripassare la mappa secondi i ripassi cadenzati che ti ho spiegato per fissarla nella memoria a lungo termine.

Tutto questo è straordinariamente efficace e lo è praticamente per tutti i libri in commercio. Cosa succede però se, come faccio io, studi 10 libri alla volta per creare una mappa gigante che possa trasmettere e sintetizzare decine di concetti? Cosa succede se devi affrontare la tesi di laurea, nella quale devi unire decine di libri e progetti? Cosa succede se, come è capitato a me studiando Ingegneria, devi affrontare un libro di 1.000 pagine sui circuiti elettronici, densissimo di argomenti e dimostrazioni?

Che una semplice fotografia mentale della mappa può non essere sufficiente per impararla in breve tempo e memorizzarla a lungo termine. Per questo il metodo *Lettura veloce 3x* integra, nella quinta e ultima fase, la Memorizzazione, tra le più efficaci **tecniche di memoria**, frutto di oltre 30 anni di studio.

Il 100% delle persone a cui chiedo: "sai memorizzare bene?", risponde: "no, sono uno che si dimentica le cose, non ricordo mai i nomi, non ricordo i numeri di telefono, non ricordo questo, non ricordo quest'altro, sono sbadato, non sono attento". Capisci? Non il 90% ma il 100%! Non ho mai trovato una persona conosciuta che mi dica: "sì, io sono bravo a memorizzare, memorizzo tutto quello che voglio", mai. Questo cosa vuole dire? Che la cultura nella quale viviamo ci ha instillato convinzioni molto limitanti, cioè ci ha trasmesso l'idea che il nostro cervello non funzioni così bene. In realtà è ancora soltanto questione di strategie.

La mappa sfrutta il cervello e con quella che hai fatto e rifatto poco fa hai dimostrato a te stesso di riuscire a ricordare il 100% di quanto schematizzi, senza mai averlo studiato.

Devi sapere che il cervello è bombardato da miliardi di informazioni ogni giorno, e che le tue capacità di memorizzazione sono comunque sufficienti ad assorbirle tutte. Spesso ci sentiamo dire che utilizziamo le potenzialità del nostro cervello solo al 10%, è vero, ma è sempre una questione di utilizzo delle giuste strategie: semplicemente il problema risiede nel fatto che possediamo metodi mnemonici poco efficienti.

**SEGRETO n. 34: il tuo cervello è in grado di assimilare miliardi di informazioni al giorno, ma servono strategie efficaci per memorizzare al meglio.**

D'altronde nessuno ti ha mai insegnato le tecniche giuste ed è quindi normale che tu non le conosca o, se già ne usi alcune, è perché le hai sviluppate grazie alla tua capacità ed al tuo intuito. Ricorderai sicuramente gran parte del contenuto di questa guida perché ti parlo di pilastri, mappe, colori, titoli, tutte cose facilmente memorizzabili. In più l'averti detto che ricorderai, aiuterà il ricordo stesso, perché è una suggestione inconscia!

In questa guida ti parlo non solo e non tanto delle tecniche classiche di memoria, ma ti spiego soprattutto quelle più innovative, quelle più efficaci, quelle più intuitive, che non sono assolutamente faticose da imparare.

E soprattutto ti spiegherò i *principi di funzionamento* di queste tecniche ed i motivi per i quali sono così efficaci. A te deve interessare soprattutto comprenderne il funzionamento, in modo tale da dare al cervello l'input di memorizzare in maniera molto più facile e concreta.

Sappi che con l'esercizio costante utilizzarle diverrà un qualcosa di automatico: quell'archivio di strategie contenente le informazioni che ti interessano sarà ormai fisso nella tua memoria. Quindi, se per motivi di lavoro o di studio hai bisogno di memorizzare grandi quantità di informazioni, queste tecniche fanno al caso tuo.

Le prime tecniche di memoria risalgono addirittura al 600 a. C., inventate dai greci. Un contributo essenziale venne poi da

Cicerone, nel primo secolo a.C. con l'invenzione di varie strategie tra cui quella dei "loci", che dopo ti mostrerò.

Quando entrai per la prima volta in contatto con il mondo delle tecniche di memorizzazione, nel 1990, esistevano solo le metodiche classiche, non venivano insegnate ancora le mappe che, secondo me, sono lo strumento migliore per memorizzare.

La cosa che un po' rimprovero ai miei formatori di allora è che procedevano spiegando le tecniche classiche senza dirmi quale *principio* le reggesse, quindi mi veniva a mancare la comprensione del principio che sosteneva il tutto.

Avendole studiate, posso dirti che funzionano, ma, a dire il vero, non sono tutte utili. Ad esempio io posso, sì, memorizzare un numero lungo cinquanta cifre, ma chi mai me lo chiederà? In quale occasione nella vita potrebbe servirmi? Mai credo, poiché non è richiesto, né per lavoro, né dalla società, né dalla cultura, lo puoi fare per gioco o per dimostrazione.

O, ancora, è davvero così utile imparare la lista della spesa a memoria? Io oggi la spesa la faccio online, apro il computer dove trovo già la lista di tutte le mie cose preferite, clicco sui prodotti che mi interessano ed in 24 ore mi arrivano direttamente a casa.

Nel '90 aveva un senso voler imparare tutti i numeri di telefono di familiari, amici e collaboratori a memoria, oggi con la rubrica elettronica del cellulare o del palmare sempre a portata di mano, non serve più. Quello che voglio dirti è che, alla fine, ci sono dei mezzi assai più semplici, rispetto alle tecniche apprese allora, per memorizzare.

Sappi che le mappe, importate in Italia qualche anno più tardi, sono assai più efficaci ed utili delle tecniche classiche e ti permettono di comprendere facilmente i principi sui quali si fonda la Memorizzazione.

ESERCIZIO - Facciamo un esperimento concreto: elencherò una serie di parole, tu devi cercare di memorizzarle in tempo reale, dandoti un intervallo di 2-3 secondi tra l'una e l'altra.

Questo esercizio ti permette di fare il punto sullo stato attuale della tua capacità di memorizzare. Pronto?

- Ciambella
- Penna
- Oca
- Montagna
- Vela
- Gancio
- Ciliegia
- Trampolino
- Clessidra
- Racchetta

Bene, ora non guardarli più e prova a ripeterli nell'esatta sequenza. Com'è andata? Se non sei riuscito a ricordare che i primi 2-3, non ti preoccupare, è successo perché ancora non hai acquisito una strategia per memorizzare, e senza questo supporto non sei in grado di fissare tanti dati in sequenza.

Ti dirò anche che in questo caso particolare era persino facile memorizzare, in quanto si parlava di cose concrete come, ad esempio, una ciambella o una penna; sarebbe stato molto più complesso se avessi parlato, ad esempio di sentimenti: amare, odiare o di parole astratte.

E allora qual è il segreto per memorizzare le informazioni?
Sia che le informazioni siano concrete sia astratte il principio base della Memorizzazione è uno ed è sempre valido: consiste nel trasformare la singola parola in un'immagine (*Tecnica delle Immagini*).

Questa immagine dovrà possedere determinate caratteristiche, in particolare dovrà essere:

- stravagante
- concreta
- animata
- in movimento
- colorata
- coinvolgente per tutti i sensi
- gigantesca

- esagerata
- divertente
- sensuale

**SEGRETO n. 35: il principio base della memoria consiste nel trasformare una parola in un'immagine concreta, coinvolgente, emotiva, distorta e assurda.**

Questo serve per coinvolgere entrambe gli emisferi del cervello, sia il razionale che il creativo, nella Memorizzazione. Tentare di memorizzare una lista di parole in maniera *auditiva*, quindi ripetendosele più volte, è un metodo ostico oltre che molto noioso.

Ricordi le poesie imparate da bambino a scuola? Le ripetevi fino allo sfinimento! Alla fine le imparavi, ma sarebbe stato molto più utile e divertente renderle più concrete, trasformandone le varie parti in altrettanti brani di un film.

Torniamo ora al nostro elenco di parole e prendiamo in esame la prima parola: ciambella. L'immagine corrispondente, che si crea nella tua mente, è, magari, di una bella ciambella calda e zuccherosa.

Il segreto che, però, ti permette di coinvolgere i sensi nella memorizzazione, sta nel cambiarla, renderla assurda, stravagante, animarla, creare dei riferimenti con l'umorismo e tutto quanto possa venirti in mente. Stessa cosa per la penna: non pensi a quella che usi tutti i giorni ma ad una penna che si muove, snodata, od altro.

Fai nella tua mente le distorsioni che vuoi, l'importante è che associ all'oggetto più emotività possibile per far sì che ti rimanga impresso. Questo va fatto per tutte le parole della lista.

In pratica devi prendere quella che è semplicemente una parola e trasformarla nella più bizzarra delle immagini mentali, perché sono sicuro che non dimenticheresti mai una ciliegia di 100 Kg, con gli occhi spalancati e una bocca gigante che ti saluta con un bel "ciao!". Mi spiego?!

Il passo successivo per memorizzare non solo le singole parole, ma l'intera sequenza di parole consiste nel legarle una ad una come creando un film (*Tecnica del Film*).

Nel far questo devi avere il massimo riguardo a che le parole della lista siano distorte a dovere e possano distinguersi da tutte le altre che immaginerai nel creare il tuo film mentale, che potrebbe, ad esempio iniziare così: esco di casa con una ciambella gigante intorno al corpo, piena di zucchero che mi cade addosso. Mentre cammino prendo una penna e la metto nel naso…e così via!

Insomma inventare una situazione immaginaria, con un inizio ed una fine, dove queste parole chiave siano messe bene in evidenza, ben distorte. Se io non creo abbastanza distorsione nelle parole chiave cosa succede? Mi confondo tra parole appartenenti alla lista e parole immaginate da me per creare il film.

**SEGRETO n. 36: il secondo principio base della memoria consiste nel legare le immagini in sequenza, creando un film mentale divertente e bizzarro.**

Se riguardi l'inizio del "film" immaginato poco fa, puoi notare che nel ricordo avrei potuto confondermi e pensare che anche "casa" o "naso" fossero parole comprese nella mia lista. Il cervello deve essere messo in grado di riconoscere le parole chiave all'interno del tuo film, attraverso il meccanismo del distorcere e rendere molto concrete e bizzarre le singole parole.

Un altro esercizio che puoi fare consiste nel memorizzare, con questo metodo, la lista dei pianeti in ordine di distanza dal sole. Probabilmente non la conosci, ebbene ora farò in modo che la ricordi più o meno per il resto della vita. E' divertente, anche se, probabilmente, non ti servirà a molto. A me la insegnò una formatrice bravissima, così come, ai tempi del corso, mi insegnarono anche la lista delle fermate della metropolitana di Roma!

ESERCIZIO – Memorizza la sequenza dei pianeti. Partiamo dal Sole: il primo pianeta che incontriamo è *Mercurio*. Immaginalo come fosse un enorme termometro, che, com'è noto, contiene mercurio. Fa molto caldo perché il sole è ad un passo, quindi la temperatura sale, sale, sale, fino a che...baaam! Il termometro si rompe, esplode, e saltano vetri da tutte le parti, contro il sole, un disastro.

Poco più in là c'é *Venere*, completamente nuda, che approfittando di questo caldo incredibile, sta prendendo il sole. Si dice in giro che sia anche una bella ragazza e quindi lascia che il sole la ammiri in tutta la sua bellezza. Poi, dopo un po', stanca di stare lì ad abbronzarsi decide di scendere sulla *Terra* a fare un giro per locali. Quindi scende sul nostro pianeta, si fa un giro per le città e poi scopre che le è venuta fame, come può soddisfarla? Naturalmente mangiando un Mars! Quindi arriva su *Marte*, dove c'é la piantagione dei Mars. Ti piace questo snack? Immagina di assaporarlo nella bocca.

Dopodichè Venere pensa che sia ora di andare a trovare suo marito, il grande *Giove*, un gigante enorme tutto rosso. Questi, sempre prodigo di regali, le fa dono di un abito con su la scritta S.U.N., che in inglese significa Sole, ma che sta anche per *Saturno, Urano* e *Nettuno*, i tre pianeti successivi.

Infine insieme, mano nella mano, dove vanno? Dal loro cane Pluto, il cane più bello del mondo con le sue orecchie penzoloni, che ci ricorda il pianeta *Plutone*, il più distante dal sole!

Chiaro? Per curiosità prova a ripensarci tra dieci minuti, e poi, ancora, domani, sono certo che non la dimenticherai più. Prova a riscrivere la sequenza:

1) ______________________________________________

2) ______________________________________________

3) ______________________________________________

4) ______________________________________________

5) _______________________________________________

6) _______________________________________________

7) _______________________________________________

8) _______________________________________________

9) _______________________________________________

Lo so che stai pensando che memorizzare la lista dei pianeti non sia particolarmente utile, però immagina, invece, se al posto dei pianeti ci fosse la lista delle parole chiave che hai inserito nella mappa del tuo libro!

**SEGRETO n. 37: le tecniche di Memorizzazione ti sono utili per imparare la sequenza delle parole chiave dei rami della tua mappa.**

Quando ho discusso la mia tesi di laurea, avevo preparato una mappa molto grande, con decine di argomenti. Non solo la mia mente l'aveva memorizzata come una fotografia, ma avevo anche utilizzato la "tecnica del film" per ricordarmi l'intera sequenza degli argomenti da trattare. In questo modo non ho avuto un solo attimo di tentennamento, anzi ho mostrato massima sicurezza dall'inizio alla fine.

ESERCIZIO - Ora ti ripeterò la medesima sequenza di parole di qualche minuto fa, stavolta devi memorizzarla utilizzando il metodo del film che ti ho insegnato. Sei pronto?

- Ciambella
- Penna
- Oca
- Montagna
- Vela
- Gancio
- Ciliegia
- Trampolino
- Clessidra
- Racchetta

Prenditi un paio di minuti per renderle stravaganti e creare un film con tutte le parole in sequenza.

*************************************************

Come è andata? Sono certo che è stato molto più divertente ed efficace rispetto alla prima volta. Si tratta di una strategia molto semplice che sfrutta il funzionamento del nostro cervello, tutte le altre tecniche non sono che applicazioni, più o meno complesse, del medesimo principio.

RIEPILOGO DEL GIORNO 6:

- SEGRETO n. 34: il tuo cervello è in grado di assimilare miliardi di informazioni al giorno, ma servono strategie efficaci per memorizzarle al meglio.

- SEGRETO n. 35: il principio base della memoria consiste nel trasformare una parola in un'immagine concreta, coinvolgente, emotiva, distorta e assurda.

- SEGRETO n. 36: il secondo principio base della memoria consiste nel legare le immagini in sequenza, creando un film mentale divertente e bizzarro.

- SEGRETO n. 37: le tecniche di Memorizzazione ti sono utili per imparare la sequenza delle parole chiave dei rami della tua mappa.

# GIORNO 7: TECNICHE AVANZATE

A questo punto ritengo che il principio di base della Memorizzazione ti sia chiaro: prendi una parola e trasformala in un'immagine concreta; prendi una sequenza di parole e trasformala in un film fatto di associazioni tra immagini.

In base a questo principio ti puoi creare uno **schedario mentale** dove andare a ripescare i dati che ti servono al momento in cui ti occorrono.

Un esempio è usare i "loci" (*Tecnica dei Loci*), che ti avevo nominato prima, usata da Cicerone tanti secoli fa. Egli percorreva sempre lo stesso percorso tra la sua villa e il centro della città. Ad esempio passava per la porta d'ingresso, poi per le aiuole del giardino, poi per il cancello e così via. Nella mente si era creato questo specifico percorso fatto di una decina di tappe. Quando doveva memorizzare delle informazioni, le associava a questi posti e quindi poteva ricordarle tutte e nella sequenza giusta.

ESERCIZIO - Scrivi 10 tappe di un percorso che fai abitualmente, da casa all'ufficio o quello che vuoi:

1) _______________________________________________

2) _______________________________________________

3) _______________________________________________

4) _______________________________________________

5) _______________________________________________

6) _______________________________________________

7) _______________________________________________

8) _______________________________________________

9) _______________________________________________

10) _______________________________________________

Ad esempio la lista potrebbe essere:

1) Stanza da letto

2) Bagno

3) Cucina

4) Porta di casa

5) Ascensore

6) Garage

7) Cancello

8) Strada

9) Incrocio

10) Ufficio

Ok, adesso memorizza la solita lista di 10 parole che abbiamo visto prima:

1) Ciambella

2) Penna

3) Oca

4) Montagna

5) Vela

6) Gancio

7) Ciliegia

8) Trampolino

9) Clessidra

10) Racchetta

Inserisci ad esempio la "ciambella" nella prima tappa. Crea un associazione assurda, bizzarra, esagerata tra una stravagante ciambella e la tua stanza da letto. Poi immagina il tuo bagno e immagina di lavarti i denti con una enorme penna rossa. Poi vai in cucina e ti fai una bella oca arrosto per colazione. E fai lo stesso per tutte le altre parole.

Ora prova a ripeterle. Sono sicurissimo che le ricordi alla perfezione.

**********************************************************

Rispetto alla semplice tecnica del film c'è un vantaggio, in questo caso, infatti, se perdi un anello della sequenza non ti blocchi. Io potrei chiederti "dimmi la parola numero 2" e tu, semplicemente riprendendo la tua seconda tappa, il bagno, puoi guardare cosa hai associato ad essa e darmi la risposta. Quindi puoi estrarre le parole anche in maniera non necessariamente sequenziale. Così se dimentichi un argomento, puoi passare direttamente all'altro senza bloccarti mai.

**SEGRETO n. 38: la tecnica dei Loci ti consente di inserire le parole chiave della tua mappa all'interno di luoghi già stabiliti, facilitandone la memorizzazione e l'estrazione anche non sequenziale.**

Il principio di base è comunque sempre lo stesso: rendi concrete le parole rendendole assurde, esagerate e quanto più possibili stravaganti.

L'associazione con delle immagini può essere un buon metodo anche per memorizzare *liste di numeri*. Probabilmente non lo hai notato ma i numeri da zero a nove possono essere benissimo associati alle parole e, quindi, alle immagini di cui abbiamo parlato poco fa. Così, ad esempio: la ciambella ha la forma di uno zero, la penna è associabile con il numero uno, l'oca con il due, e così via fino al nove.

Infatti se il numero, che per sua natura è freddo ed impersonale, viene associato ad una parola concreta e magari strana ed esagerata, sarà molto più facile da memorizzare. Quindi se devi memorizzare il numero 10, puoi immaginare una penna enorme rossa che infilza una ciambella facendola scoppiare in mille pezzi! E' sempre questione di rendere concrete le parole e legarle tramite film mentale.

C'é però un modo ancora più efficace per memorizzare i soli numeri, di qualunque tipo essi siano. Che sia un numero di cinquanta cifre, se mi serve fare una dimostrazione, fino a migliaia di date se sono uno storico, a tutti gli articoli del codice civile o penale se sono un avvocato e così via.

La tecnica è molto semplice, ad ogni numero associo una consonante (*Tecnica dei Numeri*). Per esempio al numero 2 la lettera *n* perché nel corsivo si scrive con due stanghette. Al numero 3 la m perché ha tre stanghette, e così via. Questa è la lista completa con le associazioni standard che vengono utilizzate:

0 = z,s,x (zero inizia per z)

1 = t,d (una sola stanghetta)

2 = n,gn (2 stanghette)

3 = m (3 stanghette)

4 = r (il 4 assomiglia ad una r)

5 = l,gl (L in numeri romani sta per 50)

6 = c,g (6 assomiglia a una c)

7 = k, ch,gh (k è formata da due piccoli 7)

8 = f,v (in corsivo la f è simile ad un 8)

9 = p,b (p e b assomigliano al 9 specularmente)

Quando poi dovrò creare delle sequenze, realizzo delle parole intere unendo alle consonanti individuate, vocali a piacimento. Ad esempio come faccio a ricordare il numero 12? So che 1 = t,d e 2 = n, gn. Allora creo una parola con queste consonanti, aggiungendo quante vocali voglio. Ad esempio *tana*. Oppure *dono*. Oppure *tigna*. E così via. Scegli quella che ti è più facile da visualizzare e da rendere concreta per la tua mente.

E se voglio ricordare che la dodicesima cosa della lista della spesa è la cioccolata? Semplicemente per memorizzare posso immaginare una enorme *tana* (=12) con dentro degli animali di cioccolata che si leccano i baffi!

E' chiaro? Il principio è sempre lo stesso. Associazione e concretezza.

Come posso memorizzare il numero di telefono 80003152? Posso immaginare che in una giornata di afa (8), tiro un sasso (00) gigante contro i semi (03) di una pianta, ma rimbalza contro una telone (152) e mi faccio malissimo. Divertente, no? Sicuramente molto di più che ripetersi il numero per mille volte dentro la testa finché non lo hai imparato!

**SEGRETO n. 39: la tecnica dei Numeri ti consente di memorizzare qualsiasi tipo di numero associandolo a parole costruite con le relative consonanti.**

Le tecniche di memoria più avanzate fanno affidamento sulla costruzione di un immenso archivio mentale (*Tecnica dell'Archivio Mentale*) fatto di 1.000 cassetti, che sfrutti appunto la tecnica dei numeri.

La procedura è questa:

1) associa ad ogni numero da 1 a 1000 una parola facile e concreta, utilizzando il metodo delle consonanti.

2) Costruisciti, quindi, un archivio mentale, dove ad ogni cassetto corrisponde quella determinata parola.

3) Quando hai bisogno di memorizzare le informazioni inseriscile in questi cassetti, associando le tue informazioni alle parole che hai costruito nel punto 1.

Lo so che può spaventarti l'idea di dover costruire questo archivio e memorizzare 1000 parole. E infatti è un lavoro lungo e duro. Anche la ricompensa però è alta: quando questo archivio ti diverrà automatico, potrai memorizzare migliaia di informazioni in pochi secondi.

Questo è il grande segreto di chi impara interi libri a memoria e finisce nelle trasmissioni televisive a fare spettacolo.

E' questione di impegno e volontà. Personalmente ritengo questo lavoro non necessario ai tempi nostri, perché difficilmente qualcuno ti richiederà di memorizzare tutte queste informazioni. Però potresti crearti un mini archivio da 50 o 100 cassetti. Molta meno fatica e ugualmente ottimi risultati. E puoi stupire i tuoi amici veramente con poco! L'idea di fondo è che in questo modo tieni in allenamento la tua mente e ti diverti anche nel farlo, iniziando così ad associare piacere allo studio e all'apprendimento.

**SEGRETO n. 40: la tecnica dell'Archivio Mentale ti consente di memorizzare, a lungo termine, un numero enorme di informazioni.**

Questa tecnica potrebbe esserti particolarmente utile se hai mappe molto grandi. Nel caso della mia tesi di laurea l'ho usata per memorizzare sia le parole chiave dei rami, sia le parole di tutti i sottorami, così ero certo che non avrei saltato nulla. E così è stato infatti.

Avevo imparato persino tutti i titoli e tutti gli autori dei libri che avevano composto la mia bibliografia. E' stato particolarmente facile grazie ad una tecnica di memoria pensata appositamente per memorizzare nomi, parole strane, termini tecnici o lingue straniere (*Tecnica per Nomi, Termini Tecnici, Lingue Straniere*). Ai tempi del mio corso di apprendimento rapido, vollero che imparassi il nome scientifico della novalgina, ed in effetti, dopo quasi 20 anni, e senza averlo più ripassato da allora, lo ricordo perfettamente: noramidopirina metansolfonato sodico. Come ho fatto ad impararla e a fissarla poi nella memoria a lungo termine?

L'ho resa *concreta* naturalmente. Nel caso poi di parole tanto lunghe, ti conviene spezzettarle. Partiamo da noramidopirina, a cosa ti fa pensare? A nulla. Allora devi scomporla: nora può farti pensare al sostantivo nuora, pensa ad una nuora che conosci e poi falle fare qualcosa di strano e così via. Perciò, ricorda, scomponi la parola in termini che in qualche modo puoi associare e rendere più concreti.

E se devi imparare il *nome delle persone* che conosci ad una festa? Semplice, prendi il nome e creati un'immagine concreta e stravagante. Ad esempio, prendi il nome Alessandro e inizia ad immaginare Alessandro Magno, grande imperatore con tutti i suoi eccessi. E associa questa immagine a un qualche segno particolare che riscontri nel tuo interlocutore, non so un naso particolare, le orecchie a sventola e così via. Crea la solita associazione buffa e divertente.

La stessa tecnica si utilizza per memorizzare *parole straniere*, qualcosa di ancor più utile. Se, ad esempio, voglio ricordarmi che cavallo in inglese si dice "horse" cosa posso fare? Immaginerò, data l'assonanza con la parola inglese, un cavallo ed un orso, dopodichè inserisco l'azione, li faccio muovere: vedo l'orso cavalcare il cavallo ad esempio!

Quindi quando qualcuno ti chiederà il nome inglese per cavallo tu immaginerai questa scena assurda e ti verrà in mente la parola horse. Poi più spesso lo ripeterai e più velocemente ti verrà la parola, aggiungi un po' di pronuncia e sei a posto.

Questo è anche un buon modo per insegnare, soprattutto ai bambini un po' di vocabolario. A questo proposito tempo fa uscivano in edicola delle dispense denominate "Memo - memoria e metodo", i cui autori, partendo dal presupposto che conoscere 1.500 vocaboli di una lingua straniera equivale a saperla parlare discretamente bene, insegnavano a memorizzarli. In fondo, se ci pensi, anche se la nostra lingua italiana consta di oltre 150.000 vocaboli, in realtà poi ne utilizziamo non più di 2-3.000, sempre gli stessi, fino ad arrivare a diecimila al massimo per una persona molto colta. Quindi se tu hai già un buon vocabolario fissato nella tua memoria, sarà per te più facile, ad esempio andando sul posto, imparare bene la lingua.

Come vedi ci sono applicazioni molto utili per memorizzare le tue mappe e quanto hai appreso da uno o più libri. La questione però è sempre la stessa: abituati a usare il cervello in maniera creativa, perché più creatività metti nelle informazioni, più queste informazioni si fisseranno facilmente e velocemente nella tua mente.

**SEGRETO n. 41: usa il cervello in maniera creativa perché più creatività metti nelle informazioni, più queste si fisseranno facilmente e velocemente nella tua mente.**

Impara a sfruttare il tuo cervello al 100% delle sue potenzialità!

RIEPILOGO DEL GIORNO 7:

- SEGRETO n. 38: la tecnica dei Loci ti consente di inserire le parole chiave della tua mappa all'interno di luoghi già stabiliti, facilitandone la memorizzazione e l'estrazione anche non sequenziale.

- SEGRETO n. 39: la tecnica dei Numeri ti consente di memorizzare qualsiasi tipo di numero associandolo a parole costruite con le relative consonanti.

- SEGRETO n. 40: la tecnica dell'Archivio Mentale ti consente di memorizzare a lungo termine un numero enorme di informazioni.

- SEGRETO n. 41: usa il cervello in maniera creativa perché più creatività metti nelle informazioni, più queste si fisseranno facilmente e velocemente nella tua mente.

# CONCLUSIONE

Ora non ti rimane che fare tanto esercizio. Metti in pratica tutte queste tecniche ogni volta che puoi, in ogni occasione. Si tratta di strategie talmente semplici che potrai tranquillamente insegnarle tu stesso ad altri, persino a dei bambini, magari per facilitarli nello studio.

Non servono grandi premesse, non c'é un lavoro sulle convinzioni come invece c'é nel *photoreading*, dove è necessario prima procedere con la fotolettura inconscia, durante la quale, sfogliando una pagina al secondo acquisisci le informazioni. Ma se già è difficile accettare l'idea della comprensione del testo nella Lettura orizzontale, ancora più nella Lettura verticale, figuriamoci nel photoreading.

E' fattibile, solo che la resistenza che noi interponiamo con le nostre convinzioni è troppo grande ed è difficile da scalfire nel corso di pochi giorni. Quindi, in questo caso, prima si lavora sulle convinzioni e poi si fa il corso, ma secondo me non è neanche necessario, perché con l'Anteprima che facciamo nel metodo che ti ho esposto in questa guida, dando una prima scorsa alle pagine, realizziamo una sorta di fotolettura.

Il metodo *Lettura veloce 3x* è molto semplice, perché suddiviso in passaggi chiari e facili da applicare con un minimo di impegno da parte tua:

1.  Preparazione
2.  Anteprima
3.  Lettura
4.  Ripasso
5.  Memorizzazione

La Preparazione esterna riguarda l'ambiente in cui leggi e studi, la musica di sottofondo, la tua poltrona preferita, una luce adeguata e così via. La Preparazione interna concerne invece il tuo obiettivo, quello che cerchi dal libro e quello che già sai sull'argomento che ti interessa. E' anche questione di stato mentale, di concentrazione e vigilanza rilassata.

L'Anteprima non ha il fine di capire esattamente tutte le parole chiave, ma di creare una mappa concreta che vado a disegnare, dove inserisco poi le informazioni che attingo dal testo. Le mappe hanno gli usi più svariati: prendere appunti, schematizzare, progettare, passare un'idea o un progetto a qualcun altro, focalizzare un obiettivo da raggiungere. Io ho la mia mappa con tutti gli obiettivi, e da quando la uso, di qualsiasi grandezza essi siano, ed a qualsiasi settore della mia vita si riferiscano, riesco a raggiungerli. Scrivili anche tu in una mappa. Io so che scrivere gli obiettivi funziona perché ti porta a prenderti un impegno con te stesso nel raggiungerli.

Al tempo stesso abbiamo visto come le mappe siano un'ottima tecnica mnemonica, perché sfruttano il funzionamento del cervello. In fondo ogni neurone non è che una mappa collegata ad altre mappe, quindi una certa parola o un certo argomento mi ricorderanno, giocoforza, una serie di altre parole ed argomenti ad essi concatenati. Dunque le mappe sono utili per leggere velocemente un testo, per studiarlo e memorizzarlo ripassandolo secondo le scadenze che abbiamo visto.

La terza fase, la Lettura veloce, può essere orizzontale o verticale, o un mix di queste due: saltello da una parte all'altra del foglio e mi muovo alla velocità più adeguata in base al mio interesse.

Il cervello saprà catturare le parole chiave più importanti, quelle necessarie alla comprensione del testo. Con queste parole continui a costruire la tua mappa.

Ti basterà poi il giusto Ripasso per memorizzarla a lungo termine: dopo 10/30 minuti, 24 ore, 7 giorni, 30 giorni, 3 mesi, 6 mesi. Nulla di più, nulla di meno.

Per mappe molto grandi e complesse, abbiamo visto il principio che sottende ad una buona memorizzazione: il coinvolgere non solo l'emisfero razionale, il sinistro, ma anche il creativo, il destro, nell'apprendimento; trasformando la parola in immagine e rendendola concreta, stravagante, movimentata e poi collegare tutte queste immagini in un piccolo film che ti permetta di memorizzare elenchi di parole chiave, mappe complesse, e in generale, qualsiasi altro tipo di informazione.

Una volta, in uno dei miei corsi sul metodo *Lettura veloce 3x* seguivo una professoressa e tentavo di spiegarle quanto sia importante scrivere il proprio scopo per poterlo realizzare, e le dissi: "l'ideale sarebbe dare ai ragazzi all'inizio dell'anno scolastico un elenco di domande dalle quali estrapolerete quelle per l'esame di fine anno, di modo che sappiano già su quali argomenti focalizzarsi". Lei mi rispose: "eh, ma poi andrebbero tutti bene!". Come se il suo scopo fosse che i ragazzi andassero tutti male…

Che rammarico. La mentalità è ancora troppo ristretta. Non è forse compito della scuola far sì che i bambini imparino bene i concetti ed abbiano buoni voti? In questo modo si creerebbero anche delle ottime convinzioni potenzianti sul fatto che sono in grado di riuscire in qualcosa che studiano. E magari nella vita sarebbero più intraprendenti, perché si rendono conto che se hanno degli obiettivi possono raggiungerli. Secondo me, sarebbe un'ottima cosa, invece, culturalmente, pare non sia vista così.

Ma torniamo a te ora. Ritengo che tu sia pronto a partire. Se ti conosco bene, sono certo che hai letto questa guida tutta di seguito, senza fare pause, senza fare esercizi, senza prendere un solo libro in mano per fare gli esercizi di Lettura orizzontale e verticale. E' vero o no?

Bene, vuol dire che sei molto motivato e determinato! Allora adesso datti da fare, rileggi la guida da capo e mettiti seriamente al lavoro. Inizia subito a fare gli esercizi.

Decine di persone che hanno seguito il nostro videocorso Memoria & Lettura Veloce hanno migliorato brillantemente le loro abilità mentali e le loro capacità di apprendere qualsiasi tipo di informazione in maniera rapida.

Puoi essere uno di quei fannulloni che non agiscono pur avendo in mano delle strategie d'oro, oppure puoi darti da fare e ottenere risultati. Ora sta a te decidere.

Buon lavoro!
*Giacomo Bruno*

# LETTURA VELOCE 3X

1. Preparazione

2. Anteprima

3. Lettura

4. Ripasso

5. Memorizzazione

# APPENDICE: SOFTWARE "FREE MIND"

Il software **Free Mind** è completamente gratuito e ti permette di creare le tue mappe attraverso il computer.

Non è molto conosciuto in Italia, ma è un ottimo software in constante aggiornamento, quindi è perfetto per chi come te vuole imparare ad usare le mappe da zero.

Questo software è molto comodo perché ti permette di determinare il colore, la lunghezza dei vari rami e sottorami e mille altre funzionalità. Potrai, in molto meno tempo, disegnare la stessa mappa che a mano fai molta più fatica a comporre. Potrai aggiungere o eliminare immagini, introdurre nuove parole e cancellare le precedenti senza per questo pasticciare l'intero disegno.

1) Scaricalo da qui:

http://freemind.sourceforge.net/wiki/index.php/Download

## 2) Installalo sul tuo computer:

## 3) Avvialo e vai su File > Nuovo

4) Ecco la tua prima mappa! Ad esempio costruiamo la mappa del metodo *Lettura veloce 3x*. Al centro scrivi l'argomento:

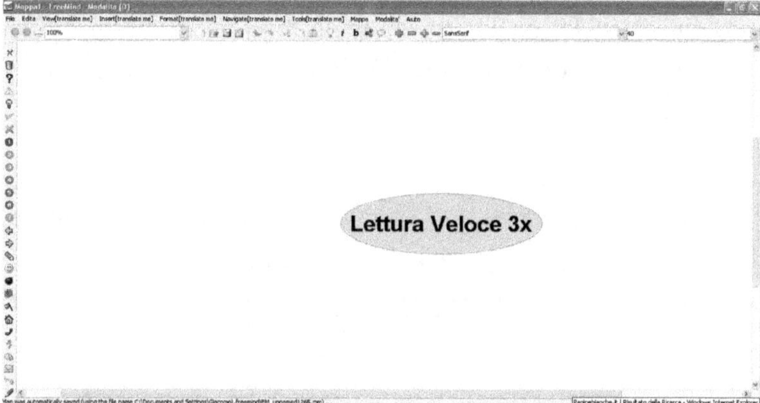


5) Poi vai su Insert > Nuovo Figlio e automaticamente ti viene creato un nuovo ramo principale.

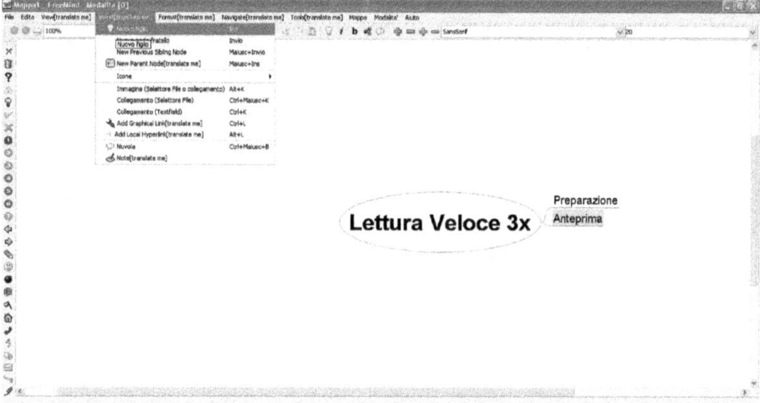

Ovviamente puoi formattare i titoli come preferisci, dandogli il carattere e la grandezza che desideri. Ricorda di rispettare la gerarchia, quindi il titolo centrale deve essere il più grande, i rami e poi i sottorami sempre più piccoli. Non trascurare, inoltre, l'uso dei colori.

6) Seleziona un ramo, vai su Format > Colore e seleziona il colore di tuo interesse per colorare le parole chiave:

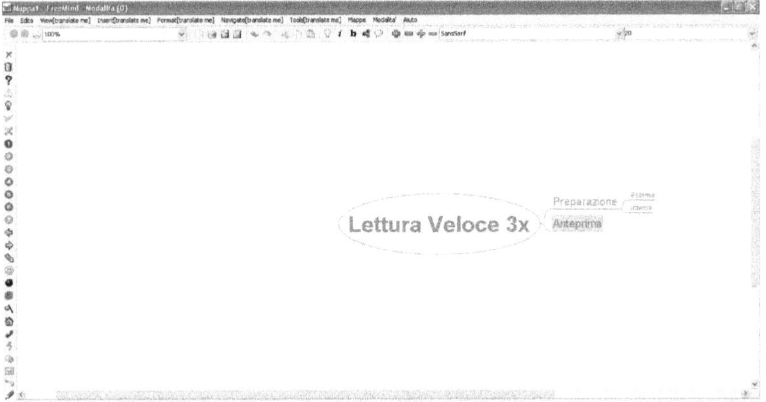


Puoi spostare i rami da una parte all'altra, in modo da rispettare l'ordine standard di lettura previsto in senso orario.

7) Continua ad inserire nuovi rami e sottorami, man mano sistema i caratteri e i colori:

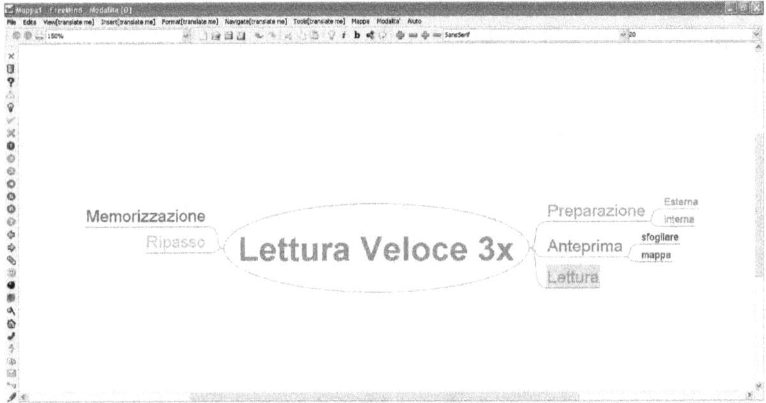

8) Sulla sinistra trovi una barra con tutte icone che puoi inserire liberamente accanto alle parole chiave. Ad esempio inserisci le icone con i numeri per numerare le 5 fasi:

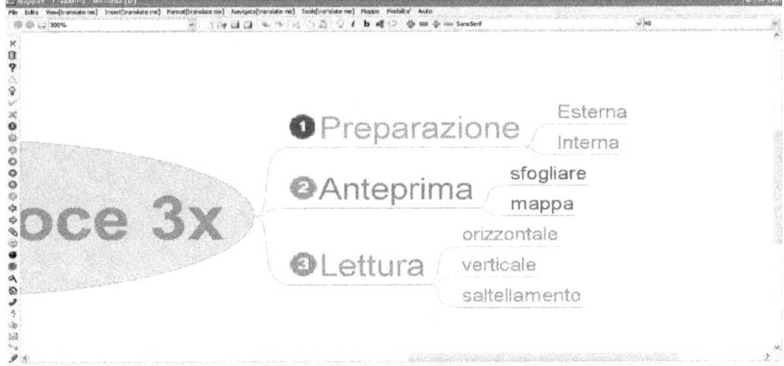

O altre simpatiche icone per memorizzare e fotografare meglio la tua mappa:

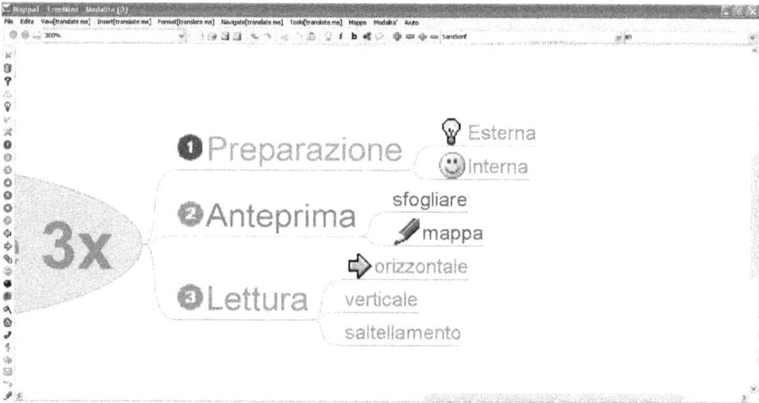


9) La tua prima mappa è finita. Non dimenticare di salvarla, cliccando su File > Salva con Nome:

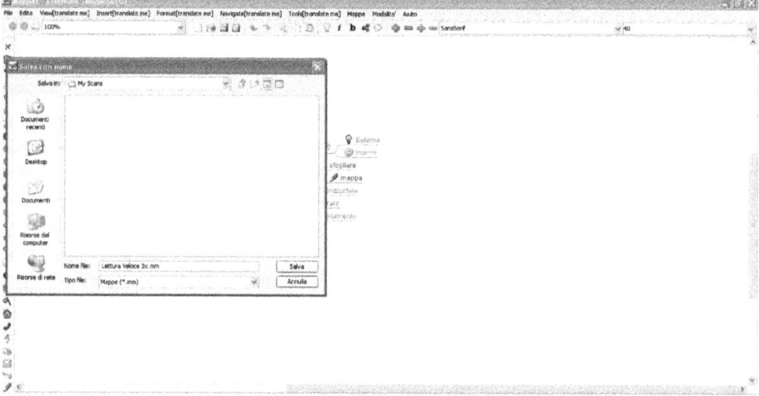

Adesso puoi stamparla a colori e ripassarla ogni volta che vuoi in pochi minuti. Il metodo *Lettura veloce 3x* si imprimerà nella tua memoria a lungo termine senza alcuno sforzo mentale!

Se vuoi aggiungere rami, se scopri nuovi modi per leggere velocemente, se vuoi apportare una qualsiasi modifica, ti basta riaprire la tua mappa e modificarla. Questo è il grande vantaggio di avere la mappa sul computer. Buon lavoro!

## Vuoi pubblicare il tuo libro con Bruno Editore?

Riceviamo una media di 3 proposte al giorno, 1.000 all'anno. Visto che abbiamo scelto di pubblicare solo libri Bestseller, la selezione è ristretta e accurata. Una media di *soli 52 libro all'anno.*

Pubblicare con Bruno Editore significa ottenere autorevolezza immediata, enorme visibilità e garanzia di diventare Bestseller in 24 ore. Dal 2002 a oggi, oltre 600 autori hanno già pubblicato con Bruno Editore.

Ogni pubblicazione ci costa migliaia di euro, tra lavoro di redazione e spese pubblicitarie, quindi cerchiamo autori che abbiano deciso di voler investire tempo e denaro sul proprio progetto, dato che proprio l'autore deve essere il primo a credere nel proprio libro e investire su se stesso. Se ti senti pronto a candidare il tuo libro, il team di Bruno Editore ti aspetta qui:

www.brunoeditore.it

# Risorse

**VIDEOCORSO GRATUITO DI LETTURA VELOCE:**

https://www.letturaveloce.net

**Scrivi il tuo libro con Bruno Editore:**

https://www.brunoeditore.it

**Blog di Giacomo Bruno:**

https://www.giacomobruno.it

**Libro "Scrittura Veloce 3X":**

https://www.scritturaveloce.it

**Libro "Bestseller Amazon":**

https://www.bestselleramazon.it